ホイラーの公式

ステーキを売るな シズルを売れ！

Tested Sentences That Sell

How To Use "Word Magic" To Sell More And Work Less! by Elmer Wheeler

エルマー・ホイラー【著】　駒井進【訳】

ホイラーの五つの公式　5

ホイラーの三原則　29

Contents

ホイラーの公式、ルール、原則、法則の適切な実例――53

ホイラーの五つの公式

1

ステーキを売るな、シズルを売れ！

ホイラーの公式　第一条

「シズル」とは、ステーキをジュージューと焼く、あの音だ。だが本書で言う「シズル」とは、あなたが売り込む商品の最大のセールスポイント、言い換えるなら、お客様がそれを買いたくなる主要な理由のことである。ステーキのジュージューと焼ける音は、「牛」には決してできないほどたくさんのステーキを売ってきた（もちろん、牛はステーキの大切なもとではあるのだが……）。

あなたが売るあらゆる商品に「シズル」が隠されている。それらを見つけ出して、販売に生かすのだ！まずシズルをぶつけることによって、お客様の心に欲望を呼び起こそう。そうすれば、必要な技術的説明にも、楽に入っていける。

気の利いたウェイターなら、シャンパンを売るのではなく、シャンパンの泡を売るのだということをよく知っている。食料品店の店員は、ピクルスを売るのではなく、そのシワを売っている。コーヒーを売るのではなく、その風味を売っている。チーズが売れるのは、その匂いのおかげだ！　保険のセールスマンは、危険に対する安心感を売るのであって、一カ月あたりの掛け金の支払いを売るのではない。牛を売ってシズルを売らないのは、肉屋だけだ。しかしその肉屋でさえも、「これをステーキにすればおいしいですよ」と言うことによって、売上が向上すると知っている。

では、電気掃除機を例にとって、お客様に「欲しい」と思わせることのできる「シズル」がどれだけ隠されているかを見てみよう。

①　ゴミがいっぱいになったときにつく赤ランプ
②　ゴミのつまりぐあいを確認できるのぞき窓
③　ブラシの自動調節装置
④　からまないコード
⑤　扱いやすいハンドル
⑥　性能の良い回転ブラシ
⑦　抜群の吸引力
⑧　三カ月間ゴミ捨て無用の超大型集塵設計
⑨　独特の床用吸い込み口
⑩　軽快な走行性

これら一〇のシズルは、この電気掃除機を多くの人々に買わせる有力なセールスポイントである。構造も仕組みも値段も、もちろん大切ではあるが、「欲しい」と思わせるポイントは、手間がかからないことであり、早く掃除ができることであり、よりきれいになることであり、より健康的なことである。

だから、電気掃除機のセールスマンは、次のことを覚えておこう。

●値札を売らないで――腰が痛くならない点を売れ！
●構造を売らないで――手間がかからない点を売れ！
●モーターを売らないで――快適さを売れ！
●ボールベアリングを売らないで――扱いやすさを売れ！
●吸引力を売らないで――家がきれいになる点を売れ！

健康的、快適、手間がかからない、腰が痛くならない、家がきれいになる――こういったことが、電気掃除機の「シズル」である。構造や仕組みは「牛」にすぎない。

以上の例で、お客様にセールスポイントを説明する言葉を見つけようとする前に、あなたが売ろうとしているものに隠された「シズル」を探しなさいと私が言う意味がお分かりになったことと思う。

まず「シズルのめがね」をかけて、自分のセールスカバンの中をよく見てみよう。そして、見つけ出した「シズル」を、一つ、五つ、一〇、二〇と書き出してほしい。お客様にとって重要だと思われるものから順番にだ。

次に「ユー能力」を身につけよう

あなたがお客様に商品を見せて一生懸命説明しているとき、お客様の心をよぎるのは、次の大きな疑問である。

「それは私に**どう役立つ**のだろうか？」

あなたの言うこと、やることのすべては、常にこの大きな疑問に答えるような形でなされなければならない！　あなたは、お客様の心に、あなたの商品に対する欲求をかきたてなければならない。この欲求が起こらないかぎり、あなたのセールスの成功はあり得ないのだから。

さて、あなたがあなたの商品のために見つけ出した「シズル」は、すべて素晴らしいものだとしよう。しかし覚えておいてほしい。これらの「シズル」は、あなたにとってはどれも同じくらい重要かもしれないが、お客様にとっては、それぞれ重要さが違ってくる。

もしあなたに「ユー能力」が欠けていれば、あなたが選び出した「シズル」を、それぞれのお客様にぴったりと適合させることは不可能となるだろう。

「ユー能力」とは、垣根のあちら側に立つ能力、言い換えるなら、人の目には見えない「シズルのめがね」をかけて、**お客様の目を通して自分の商品を見る能力**である。また別の言葉で言えば、「ユー能力」とは、「私」のかわりに「あなた」と言う能力であり、「シズル」をお客様が重要だと思う順序に並べる能力である。

◆ホイラーの公式第一条まとめ

どんな糸のなかにも、どんな安全ピンのなかにも、どんな自動車のなかにも、どんな保険のなかにも、どんな食料品のなかにも、どんな化粧品のなかにも、人々がそれを買おうと思う理由がひそんでいる。

このような理由を「シズル」と呼ぶ。

お客様に会いに行く前には、心の中に、お客様が重要だと考える「シズル」を準備しておこう。そうして初めて「準備されたプレゼンテーション」が可能になる。

あなたはまた、お客様と話す場合、「あなた」という言葉を使うことが、「私」という言葉よりもはるかに大きな成果をもたらすことを知るだろう。

「私」のかわりに「あなた」の立場になる能力を「ユー能力」と呼ぶ。

2 手紙を書くな、電報を打て！

ホイラーの公式　第二条

「手紙を書くな、電報を打て」というのは、できるだけ少ない言葉（フレーズ）で、お客様の、**直接の好意的な注意**をひきつけろ、ということである。最初のフレーズを「カチッとはまる」ように言えなかったら、お客様は、たとえその場を立ち去らないにしても、気持ちはあなたから離れてしまうだろう。

優れたプレゼンテーションにするためには、できるかぎりフレーズ数を少なくしよう。役立たないフレーズを使うことで、せっかくのセールスをだめにしてしまう危険性がある。あなたが話すすべての言葉を、「手紙」形式ではなく、「電報」形式にするのだ。

お客様にアプローチするには

人々は「即断」しがちなものである。彼らは、あなたについての評価を最初の一〇秒間で決めてしまう。そしてそれが、あなたの売り込みに対する態度を決めてしまう。彼らの評価があなたに有利に傾くように、この最初の一〇秒間に、簡潔な「電報」をぶつけること。まず一発ぶつけておけば、次にそれをフォローアップするチャンスも出てくるだろう。

私は一〇万五〇〇〇におよぶセールス用フレーズとそのテクニックを分析し、一九〇〇万人にそれをテストしてきた。その結果、成功した多くのスターセールスマンによって用いられた「魔術」とは、まさに「言葉(フレーズ)」だったということに気がついた。

このホイラーの公式の実例として、電気掃除機の例で挙げた一〇の「シズル」をもう一度思い出しながら、どのようにして一〇秒の「電報」につくりあげられるかを見てみよう。

お客様の「心の財布」をカチリと開く「電報」

「この自動調節装置は、今後三〇年は、他社では絶対マネできません」
「抜群の吸引力で、目に見えないホコリも完全に吸い取ります」
「中にたまったゴミを捨て忘れても、この赤ランプがすぐにお知らせします」

◆ホイラーの公式第二条まとめ

優れたプレゼンテーションは、できるだけ少ないフレーズから成り立っている。
たとえ「シズル」を持っていても、それをくどくどと話していたら、たいした効果はあげられない。お客様はあちらへ行ってしまうか、さもなければ、あなたの態度が高圧的だと文句を言うだろう。

最初の一〇語はそれに続く一万語よりも重要だ！

だから、お客様に会ったときには、くどくど説明したり、口ごもったりしないで、最初のフレーズで素晴らしい第一印象を与えるように努めなければならない。相手は、あなたの最初の一〇語で、あなたやあなたの商品について「すばやい判断」を下す。

まず最初に正しい「シズル」を選び出す。それを、これから会うお客様にぴったり合うものに仕上げる。次に、その「シズル」を一〇秒で言えるフレーズに練り上げ、ホイラーの公式第二条「手紙を書くな、電報を打て！」を実行しよう。

3

花を添えて言え！

ホイラーの公式　第三条

「花を添えて言え」というのは、あなたの言うことに証拠を添えろ、という意味である。

「お誕生日おめでとう」と言う場合でも、花束を添えて言えば、あなたの気持ちがより相手に通じるものである。

プロポーズする場合も、手に花を持って言えば、言葉だけのときよりも、もっとあなたの意思を相手に伝えることができるだろう。

いまここに、一〇秒の時間と、自由に使える二本の手がある。それを使ってあなたの言葉を強化しよう！　あなたの「シズル」をショーマンシップで援護しよう！

私は、ふまじめな役者になれと言っているのではない。「動作や表情であなたの言葉を強化しよう」と言っているのである。たとえフレーズがどんなに巧みにできていようと、このような支えがない場合よりも、ある場合のほうがいっそう輝きを増すはずである。店員の形だけの「ありがとうございます」が、いかに空疎なものであるかは、あなたもよくご存じのはずだ。そこには**真心の支え**が感じとれないからである。

「シズル」とショーマンシップをシンクロさせよう

あなたの言葉に動作を添えることが、お客様をセールスに結びつける第三の「カギ」となる。

手で話すのか？　と驚かれただろうか。そのとおり。もしあなたが手を上品に使うことができるなら、手を使ってはいけない理由はない。手で身振りをし、手を活発に動かそう。手をたたき、手をこすり、手を動かし、手を開き、手を閉じてみよう。あなたが動いて見せれば、相手も動く。

あなたが売り込もうとするものを、お客様に**見せ**、**触らせ**、**つかませ**、**吸わせ**、場合によっては、**嗅がせたり**、**味わわせたり**するとよい。

あなたの両手をあなたのために生かそう！

「花」を添えて売るには

では再び、電気掃除機を例に、この公式を説明しよう。ほかの商品への応用の仕方は、あとで説明する。

電気掃除機の買い手をひきつける「花」とは、次のようなものだ。

①　まず、テーブルの下や部屋のすみずみを掃除して見せる。のぞき窓の位置を示し、スイッチを入れたり切ったりして、ランプのつきぐあいを演出する。そして、こう言う。

「ご覧のように、どんな手の届かないところでもきれいになります」

② ブラシの自動調節装置を操作して見せ、お客様にも同じことをさせる（猿マネ本能を利用する）。そしてこう言う。

「ご覧のように、この装置は、じゅうたんの厚さに自動的にブラシの長さを合わせます」

③ コードだけ手に持って、掃除機の本体は遠くへ押しやる。それから軽々とそれを手もとに引き寄せて、こう言う。

「ご覧のように、ボールベアリングの働きで、お子様でも楽に扱えます」

販売を成立させるのは、このようなほんのちょっとした動作だ。あなたの手、頭、足、鉛筆の動きが、あなたが真剣で、正直で、確信を持っているということを、お客様に知らせるのである。

あなたの顔は、お客様にとっては、最も信頼できる鏡だ。

だから「プロらしくない態度」をとって失敗することのないよう、くれぐれも注意してほしい。

セールスを台なしにする、プロらしくない態度の例

- 動作がのろのろしていたり、あてもなくあちこち見せる
- カウンターにもたれて話したり、あるお客様に話しかけるかと思えば、別のお客様にも話しかける
- お客様の目の前であくびをする
- お客様の質問に答えながら、よそ見をする

●お客様からいろいろ質問されたからといって、いやな顔をする
●お客様が早く理解しないからといって、イライラする
●爪や靴が汚れている
●お客様に強引に話しながら、いつまでたっても注文をとろうとしない

行動と演技に欠けた「電報」の例

「これは、いつもおうちをきれいにしてくれます」（でも、どうやって？）
「これはよい投資です」（どんなふうに？）
「よいお買いものです」（どのセールスマンもそう言うね）
「きっとお気に召すでしょう」（そうだろうか？）
「私はそれが好きです」（だから何？）

お客様を競争相手のほうに向かわせる言葉の例

「お聞きください――これなら間違いありません」
「いや――あそこには、良いものはありませんよ」
「私なら、あそこのセールスマンの言うことは信用しませんね」

「私はよく存じておりますが、これは電力をあまり消費しません」

「重くはありませんよ。間違いありませんってば……」


あなたはこんな言葉を使ってはいないだろうか？　すぐやめよう！


「見てください……」

「聞いてください……」

「いま話しますが……」

「お分かりですか？」

「そうとられては困りますが……」

「これ以上申し上げても、ムダかもしれませんが……」

ダメなセールスマンのやり方

このセールスマンは、ハンディクリーナーの使い方を説明しようとして、三度試して、いずれも失敗した。付属品のことをよく知らなかったせいである。

しかも、彼はカウンターによりかかり、ほおづえをつきながら話した。歯をほじくったり、頭をかくという悪いくせもあった。

さらに、彼はお客様にきれいなパンフレットを渡したが、自分で好きなところを開いて見ればいいさ、という投げやりな態度だった。

◆ホイラーの公式第三条まとめ

よいセールストークにするためには、「必勝フレーズ」を「必勝テクニック」で強化しなければならない。

言葉に伴う動作、例えば商品を扱うときのあなたの表情も、成功するプレゼンテーションの大きな要素だ。早く言うと同時に、動作を添えて言おう。

さらに、できれば、あなたのしたことをお客様にマネさせよう。あなたの「ショー」に参加してもらおう。それには、買い手の猿マネ本能を利用するとよい。

デモンストレーションは、売るためのデモンストレーションでなければならない！

あなたの売り言葉を効果的に使おうと思ったら、ホイラーの公式第三条に従って、**「花を添えて言う」**のだ。そしてお客様に対して「買っていただけるでしょうか」などと決して聞いてはならない。**どのようにして、いつ、どちらで、どれを、**と聞こう。

行動は行動を呼ぶ。

4
もしもと聞くな、どちらと聞け！
ホイラーの公式　第四条

「もしもと聞くな、どちらと聞け！」の意味するところは、こうだ。――あなたはお客様に対しては常に（特にクロージングにあたっては）、買うか買わないかと迫るべきではない。これとあれの「どちらかを選ばせる」ように、慎重に言葉を組み立てなければならない。

熟練した弁護士もこの手を使う。こうすれば、お客様は何の不自然さもなく「イエス」と言いやすい。そして、あなたのセールスは、より早くクローズに到達することになる。

セールスマンには二種類ある。一方は、話すときに強いフレーズを使ったり、断定的な言い方をする「びっくりマーク（！）型」セールスマン。もう一方は、疑問形の言葉を使って巧みに相手の興味を呼び起こす「クエスチョンマーク（？）型」セールスマン。どちらのセールスマンになるかによって、セールスマンシップの敗者になるか勝者になるかが分かれる。

「どちら」という言葉の価値

びっくりマーク型のセールスマンの口ぐせを聞いていると、どんなお客様でもさっさと逃げ出したくなる。例えば彼は、よくこんなフレーズを使う。

「絶対確実です！」
「私は間違っていないと信じています！」
「あなたは……すべきです！」

彼はこぶしを振り上げ、テーブルをたたき、あごをつきだして熱弁をふるう。だが、自分の話が相手に通じているかどうかは一向に気にしない。

まず、お客様のまわりに「クエスチョンマークの網」をうまく張りめぐらそう。それから彼らを、会計カウンターなり契約書のところにそろそろと引っぱっていく。ただし、**ほしい答えが返ってくるような**質問をするのを忘れずに。「お求めいただけるでしょうか」などと決して聞いてはいけない。「いつ」「何を」「どこで」「どんな方法で」お求めいただけますか、と聞くのだ。**もしも**ではなく、**どちら**と聞くのだ！

ほしい答えが返ってこない質問

「もっとお高いものでしょうか？」
「この掃除機がお気に召しましたか？」
「この品について、どうお考えですか？」

「実演してご覧にいれましょうか?」

「いかがでしょうか?」


この「いかがでしょうか」式セールスマンになってはだめだ。このような表現はよくない。こんな言葉は、あなたのセールス用語の中から追い払ってしまおう。こういったフレーズは、カビがはえている。パンチが効いていない。いっさい使わないようにしよう!

ほしい答えが返ってくる質問

「この自動調節装置には、たぶんびっくりなさったことでしょう。そうではございませんか?」

「きっとお気に召すと思いますが?」

「ご覧ください。非常にきれいじゃありませんか?」

「この中のどれがお気に召しましたか?」

「いつお届けいたしましょうか?」

「どのようなお支払い方法にいたしましょうか? 月払い? それとも隔月払い?」

「どこにお取り付けしましょうか? こちらですか? あちらですか?」


特にクローズにあたっては、適切な質問をするべきだ。そうすれば、あなたが聞きたいと思っている答えが返ってくるだろう。そして注文も速やかにもらえるだろう。

不確かなセールスを確実なものにする質問

セールスが行きづまって、まずい！　と思ったら、それを新たな方向に引っぱっていくような、「必勝の質問」をしよう。お客様がその質問に答えているうちに、ひと息いれて形勢を立て直すのだ。「反対」に対する突破口を開くのにもってこいの方法が、疑問形で話すことである。そのテクニックも、いたって簡単だ。お客様の心がぐらついてきて、買わない理由を述べだしたら、「なぜですか？」と尋ねるのである。

「なぜ」という言葉は、お客様をしぼる最も強力な言葉だ。お客様はあなたの「なぜ」に答えようと四苦八苦し、自分の反対を正当化する適切な言葉を見つけるのに苦労するだろう。なぜなら、ばく然とした、隠された反対というものは、たいていはちょっとした気持ちのわだかまりだ。そのため、はっきりした言葉に表すのは難しいのである。例えば次の例を見てほしい。

お客様　もっと考えてみたいわ。
セールスマン　なぜですか?
お客様　ええ、あの――何となく……。

この「なぜ」公式を使うことによって、お客様の反対理由を徐々にさらけ出すことができる。

やがて全部の質問に答えさせてしまって、それでもまだお客様が買おうとしない場合には、どうしたらよいだろうか。

まだ何か根本的な反対がお客様の心の中にわだかまっているのである。何だろうか？　値段だろうか？　外観だろうか？　構造だろうか？　実用性だろうか？　必要性だろうか？

このような場合には……「なぜ」と問い続けよう！

こんなふうに質問する。「**なぜ**お決めいただけないのですか？　**なぜ**高すぎるとお考えなのですか？　**なぜ**秋まで待とうとおっしゃるのですか？」

本当の反対の理由を見つけ出すまで、「なぜ」で答えを迫るのである。そのうえで、本当の理由を見つけ出したと思ったら、次のような「必勝テクニック」でそれをさばく。

セールスマン　それが、お求めにならない唯一の理由でしょうか？

お客様　そうです、これが唯一の理由よ。

お客様がみずからそう言うのである！　反対の理由は一つしかないのだ！　これに答えさえすれば、勝利はこちらのものだ！

この反対にきちんと答えたら、すかさず次のように言うことを忘れてはならない。

「さっき、これが唯一の買わない理由だとおっしゃったのですから、これで本当にお買い上げいただけるわけでございますね」

◆ホイラーの公式第四条まとめ

セールス、特にクロージングの段階で、欲しい答えを引き出せるような、誘導質問をするコツを身につけよう。

どんな答えが返ってくるかも分からないのに、軽率な質問はしないこと。

有能な弁護士がやるように、誘導的な質問をして、「なぜ」の原則を実行する。

得体の知れない「反対のオバケ」を、誘導質問で白日の下におびき出し、そのオバケが影法師のように消えてなくなるのを見守ろう。

時期到来とみたら、すかさずホイラーの公式第四条を使って質問をする。

もしもと聞かないで、**どちら**と聞こう！　**いつ、どこで、どうして、**と聞こう！

5

吠え声に気をつけろ！

ホイラーの公式　第五条

さて、いよいよ最後の「ホイラーの公式」だ。

あなたのセールストークが成功するか失敗するかは、この公式をうまく使えるかどうかにかかっている。なぜなら〝声〟こそが、あなたが言おうとする内容の「伝達者」なのだから……。

一〇秒で話せるように一〇語の電報形式に要約された素晴らしい「シズル」を準備して、大きな花束とたくさんの「どちら」「いつ」「どこ」「どうして」で飾っても、それを話す声が単調で活気がなかったら、何の役にも立たない。

俳優や演説家になれと言っているのではない。その場に合った声の調子が、あなたの言おうとすることを、より早く、より忠実に相手に伝えるものなのだ。

小犬の吠え声

考えてみてほしい。小犬は、その吠え声としっぽでどれほど多くのことを表現しているだろうか。ワンという吠え声と、しっぽの振り方ひとつで、驚くほどたくさんの心の中を相手に伝えている！

話すときの「吠え方」に気をつけよう！　言葉の「振り方」に注意しよう！

一本調子になるな

声の調子に幅をもたせる訓練をすること。そのためには、夜に声を出して本を読んでみよう。そして耳に手をあてて自分の声を聞いてみる。これは自分の声の調子を知るのに大変よい訓練になる。機械的で単調な調子に陥らないこと。抑揚を考えよう！　強調点をのがさない！　時には低く、時には高く、ゆっくりと、あるいは劇的に速く。声のテンポを変えること！　こうすることによって、あなたの話は聞き手に興味深く伝わる。

あなたの声の音域を残らず使うことによって、セールスポイントを強調するコツを身につけよう。くれぐれも一本調子に陥らないこと。

楽器から楽器へと、自由にオーケストラをあやつる指揮者の境地に達しよう。

いちばんいけないのは、声とその調子が風変わりなことだ。この場合、聞き手の注意が、**話す内容**にではなく**声そのもの**に奪われてしまう。

◆ホイラーの公式第五条まとめ

「ほほ笑みをふくんだ声」で話そう。しかしそのほほ笑みは、おとぎ話に出てくるオオカミのような、不誠実なものであってはいけない。

もしほほ笑み方が悪かったり、荒々しく見えたり、意気消沈しているように見えたり、疲れているように見えたり、高圧的に見えたり、自信過剰に見えたら、あなたは、お客様に向かって「気をつけろ」というシグナルを送っているようなものである。

あなたのセールストークを磨きあげる最後の原則は、言い方に気をつけろということである。

ホイラーの公式第五条「吠え声に気をつけろ」を忠実に守れば、あなたの成功は約束されたようなものだ。

ホイラーの三原則

6

角型洗濯ばさみを何百万個も売った、七文字の簡単なフレーズ

平均の法則

〝人間というものは、個人個人は解けないパズルのように複雑だが、全体的に見れば、一定の数学的な確実性が存在している〟——シャーロック・ホームズ

あるセールストークやフレーズに対して、だれか特定の個人がどう反応するかは予言できないが、大多数の人がどう反応するかは、数学的な正確さをもって語ることができる。冒頭のシャーロック・ホームズの言葉は、本書の基本となる「大多数の人に買わせるフレーズがある」という考え方の、この上ない援護である。

数年前のことだ。それまで一般的だった丸型洗濯ばさみのかわりに、角型洗濯ばさみを作って売り出した業者があった。多くの人がそうだったが、私も好奇心にかられて、行きあたりばったりに小さな店に入り「角型洗濯ばさみと丸型とではどう違うのか」と尋ねたものである。

「一ダースで三セント違います！」

女性店員がガムをクチャクチャかみながらこのように答えた。

今度は、その店の仕入係に聞いてみた。しかし、その答えも似たりよったりだった。

「毎週、たくさんの洗濯ばさみを売っていますが、なぜこれが角型になったのか分からないですねえ。でも、気をつけなきゃいけませんね。何しろ、ダースで三セントも高いんですから」

角型になった数々の理由

この小さなチェーンストアの本店を訪ねて、そこの商品係に聞いてみて初めて分かったことだが、角型洗濯ばさみには次のような「シズル」があった。

① ぬれた手からもすべり落ちにくい
② ぬれた手でもたくさん持てる
③ よく磨かれているので、やわらかな布でも傷がつかない
④ 物干しロープにしっかり留まる
⑤ 先端につまみがついているので、歯のないお年寄りでも口にくわえることができる

先の店員の言ったこととは違って、今度の説明はとても科学的だった。そしてこの「シズル」を聞きながら、私は偶然洗濯ばさみを床に落としてしまった。そのとき、洗濯物を干している一人の女性が脳裏をよぎった。

彼女は片腕にいっぱい洗濯物を抱え、もう一方の濡れた手に洗濯ばさみを持ち、口にもそれをくわえ

て、台所から外へ出ようとしている。突然洗濯ばさみが床に落ちた。その洗濯ばさみは丸形だったため、コロコロと転がって、暖炉の下へもぐりこんでしまった。小犬と同じように、洗濯ばさみも、よく暖炉の下にもぐって、じっとしているものである。

転がりこんだのは暖炉の下ではなく、どこかほかの場所でもよい。とにかく女性はそれを見失ってしまった。新しいものを取りに、もう一度引き返さなければならない。洗濯物を下に置いて部屋に入ると、間の悪いことに、そこへ保険料の集金人がやってくる。――よくある光景だ。

そこで私は考えた。もし私たちがこんな簡単な「シズル」を女性たちに訴えたら、彼女たちは喜んで角型洗濯ばさみを買うのではないだろうか。「角型洗濯ばさみは、床に落ちても転がりません。万が一落としても、かがんで拾いあげるだけの手間です。少しも仕事の邪魔になりません。あちこちと探しまわる必要はないのです」

女性たちの心をつかんだアイデア

私はこのアイデアを磨きあげ、もっと流暢《りゅうちょう》なものに練り直すために、研究所に戻っていろいろとテストしてみた。私はこのセールスポイントを二秒間で話せる「必勝フレーズ」にまとめて、「なぜ角型なの?」と女性たちに聞かれたら、次のように答えるように店員たちを教育した。

「**ころがりません!**」

わずか七文字の簡単な言葉だが、これがヒットした。お客様はこれを買い始めた。一人の人に売れるものは、ほかの人にも売れることを実証したのである！

インディアンの皮靴《モカシン》物語

だいぶ前に、私は、ある百貨店でインディアンのモカシン（一枚皮の靴のこと）を少年たちに売るためのセールストークと売り方を改善するのを手伝ったことがある。

これまでは、母親に連れられて店の中を歩いている少年たちにモカシンを売るために店員たちが使っていたセールストークは、次のようなものだった。この長いフレーズの中に「シズル」も隠されているが、お分かりだろうか？

店員　奥様、お子様のためにインディアンのモカシンを一足いかがですか？　底を三重に縫ってありますので、長持ちいたします。ビーズは針金でとめてありますから、とれる心配はございません。つま先はとがっておらず、丸くなっております。

私どもはこれを健康モカシンと呼んでおります。その名のとおり、育ちざかりのお子様の足にぴったりの靴です。

お客様（たいていこう答える）結構よ。さあ、私の包みをちょうだい。

しかし、店員が靴を手にとって、**少年の前**にそれを揃えて、次のフレーズを言うように教育されてから売れ行きが急増した。「ぼっちゃん、これが**本物のインディアンの靴**ですよ」

この簡単な言葉が、少年の目を輝かせた。彼は店員の助手になって、母親にその靴を売り込み始めたのである。少年は、その靴が健康に良いことにひかれたのだろうか？　とんでもない。では、ビーズがいつまでもとれずに長持ちすることにひかれたのだろうか？　ノーだ。

少年の心に浮かんだのは、その靴をはいて、通りに出て、こう言って友だちをうらやましがらせている光景だったのである。

「わーい、**本物のインディアンの靴**だぞ！」

基本的に、私たちはみな似ている。だれもが同じ「シズル」にひかれるのだ。このセールストークは、一三人に三人の割合で少年たちにインディアンの靴を売ったのだった！

白い靴ずみの販売

みなさんも、きっと白い靴ずみを買いに店に行ったことがあるだろう。そこでたぶん、次のようなセールストークを聞かされたに違いない。次のセールストークのうち、どれが効果的だろうか？

①「これは液状になっていて、のびがとてもよいのです」

②「こすっても落ちません」

③「平たく固めてあって、長持ちいたします」

④「靴の白さが長持ちします」
⑤「二五セントのところを一五セントでお売りしております」

もうお分かりだろう。二番目のフレーズである！

ワシントンのヘクト百貨店では、このキャッチフレーズを使って売上を三〇〇パーセントも伸ばした。現在このフレーズは、数社の製造元が新聞広告や屋外広告の見出しに使っている。だれでも白さが長持ちすることを望んでいるのだ。そこに訴えたのが成功の要因だった。

バーバソル物語

私はかつて、バーバソル社（シェービングクリームなどのメーカー）のシェールズ社長の依頼で、ドラッグストアや化粧品売場にやってきたお客様向けの「必勝フレーズ」をつくる手伝いをしたことがある。

この仕事をするため、クリーブランドのシアーズ・ローバック（スーパーマーケット）に行ってみた。そこでは、お客様にアプローチするのに使われているフレーズが一四六あり、その中で一番よいと思われたのは、次である。

「ひげをそる時間を六分短縮する方法をご存じですか？」

これは失敗のない誘導質問だった。こう言われて、「興味ないね。わしは風呂に入ってゆっくりとそるのが好きなんでね」などと、まじめくさって答える人がどこにいるだろうか？

相手が、どうやってひげそり時間を短縮するのかと聞いてきたら、こう答えることになっている。「バーバソルのひげそりクリームを使うんです。それを塗って、カミソリをあてるだけ。たったそれだけでオーケーです」

このおかげで、シアーズでの売上は一〇二パーセントも上昇したが、たった一つよくない反応があった。顔のつるりとした一人の男性がこう言ったのである。「私はいつも三分間ですませているんだが」

この返事から思いついて、このフレーズは次のように変えられた。「ひげそりの時間を半分に短縮する方法をご存じですか?」

この新しい必勝フレーズはウィリアム・テイラー百貨店でも使われた。百貨店の副社長リチャード・ロスの報告によれば、三〇〇パーセントも売上を伸ばしたという。

人の琴線にふれたセールストークは、正しく使われさえすれば、一〇人のうちの七人の心をつかみ得る。同じフレーズがホノルルのベンソン・スミス(ドラッグストア)で使われると、わずか三日間に七八人のお客様のうちの五一人に――別な言い方をすれば、仕入れた品を全部**売りつくしてしまったという**事実がその証拠である。

このような事例は、私のファイルに数千個と納められている。だが、シャーロック・ホームズの平均の法則が普遍的な真理であることを証明するには、これだけで十分だろう。

基本的には私たちはみな似ており、同じ購買刺激に反応する。二千年前のお客様に売れた心の動きが、今日のお客様にも売るのである。

7

五セント白銅貨を一〇セント銀貨に変えた簡単なフレーズ

ホイラーのXYZ公式

私はのどが渇いたので、ドラッグストアに入り、忙しそうなカウンターに行って、飲み物を注文した。のどがカラカラになっていたので、自衛本能に従ってそうしたのである。

私が店員にコカ・コーラを注文すると、店員は「大ビンになさいますか、小ビンになさいますか?」と尋ねてきた。

この言葉によって店は五セントの損をし、私は少量しか飲むことができずに元気回復を妨げられた。なぜなら、多くの人と同じように、私もほとんど自動的に「小ビン」と答えていたからである。

一つの考えが、突然私の頭をよぎった。――もし、この店員が、ただ「大ビンでございますね?」とだけ言っていたら、どうだっただろうか?　おそらく私は、**自動的に**「イエス」と答えていたのではないだろうか?

私は、店内にブルックリン中で一番大きな憩いスペースを持つエイブラハム&ストラウス百貨店の店長ハリー・ブラウンと、ニューヨークのペンシルバニア・ドラッグストアの社長フレッド・グリフィスに話して、さっそく実験してみることにした。お客様がコカ・コーラを注文するたびに、店員に「大ビンでございますね?」と言わせたのである。五〇〇〇回テストした結果、一〇人のうち七人は「イエス」

と答えたのだ！　このことは、この店が、一〇人のお客様から三五セントを余分に稼いだことを意味すると同時に、自衛本能に従って渇きを癒すためにやってきたお客様に、より大きな満足を与えたことを意味している。

簡単な言葉が五セントの白銅貨を一〇セントの銀貨に変えたのである！

ホイラーの「XYZ」公式

お客様の〝基本的購買動機〟に「必勝フレーズ」を向ければ、売るのはたいして面倒なことではない。その基本的購買動機を重要さの順に並べると、次のようになる。

① 自衛本能による基本的購買動機

私たちは、まず自分自身が食べること、着ること、身を守ることを考えなければならない。このことだけは、大事な仲間であっても後回しだ。まず自分自身のことを考えるのは、私たちがいちばん古くから持っている本能である。したがって、私たちがもっとも昔から持っている購買刺激と言える。この自衛本能の基本的購買動機を「X」で表そう。

② ロマンスの基本的購買動機

一度、食べる、着る、身を守る、などの欲望が満たされると、私たちの考えは次にレジャーに向けられ、私たちの内部にあるもう一つの力、ロマンスが問題になってくる。ロマンスに対する欲望には、セックスの欲望だけでなく、冒険、旅行などといった欲望も含まれる。これは、私たちの二番目に強力な本能であり、二番目の基本的購買動機である。このロマンスの基本的購買刺激を「Y」で表そう。

③　金銭の基本的購買動機

私たちは、金で安心を買うことができると知っている。金さえあれば、食物だろうと、衣服だろうと、身の安全だろうと、ロマンスだろうと、いつでも欲しいときに意のままに手に入れることができる。私たちの三番目に強力な本能である金銭は、三番目に大きな購買動機である。この金銭の購買動機を「Z」で表そう。

もちろんこのほかにも、どこかのコピーライターかセールスマネジャーならたちどころに指摘できるような、たくさんの購買動機がある。しかし、私たちの研究室で集めた一〇万五〇〇〇のセールストークが示しているように、この三つの単純な購買動機に訴えるだけで、お客様の八五パーセントに売り込むことができる。なぜなら、この三つこそ基本的なものだからである。

このＸＹＺ公式を記憶しておこう。やがてその単純性が、その効果の重要な要素であると理解できるだろう。セールスを、やたらたくさんのルールや原則で混乱させないこと。

お客様の「心の財布」

お客様の頭の中には、これらの三つの基本的購買動機――いわば「三つの心の財布」がある。ズボンのポケットから本物の財布を引き出させる前に、まずはこの「心の財布」を開かせなければならない。

知っておくべきいちばん大切なことは、これらの三つの「心の財布」は、お客様の心の論理を司る前頭部にあるのではなくて、感情を司る後頭部に深くひそんでいるということである。だから、あなたのセールストークも、お客様の冷静で論理的な前頭部を飛び越えて、頭の深部にひそんでいる基本的購買刺激を**感情で動かすように**組み立てられなければならない。

「欲望」と「不安」に訴える「シズル」

お客様の後頭部にひそんでいる「心の財布」を動かす二つの強い力は、①不安と、②欲望である。もし私たちが自分の健康について不安感を持っていれば、自分の持病を対象とした薬の広告にはたちまち目を奪われるし、健康に良いといわれるフロリダとかカリフォルニアに関する広告記事は、嫌でも目に入る（X）。

お金の苦労をなくしたい、経済的に安定したいという欲望を持っていれば、そういう欲望につけこむ保険勧誘員や銀行員、詐欺師などに、ややもすると耳を傾けがちである（Z）。

もし私たちが心の論理を司る前頭部で物事を考えていたのなら、詐欺師や、古くさいまじない師や、うさんくさい客引きなどは、ただちに追い払ったことだろう。

ところが、このような場合には、冷静な論理で判断するのではなく、感情的な刺激で行動するものだ。したがって、どんな形にせよ、私たちの三大基本的購買動機を動かすように工夫された言葉には、たやすくやられてしまう。そして、次のようなフレーズを読んだり聞いたりすると、すぐさま財布に手をのばそうとする。

「五日間で効き目がなければ、返金します」（X）
「快適な生活が保証されます」（Y）
「お金の心配をいますぐなくしましょう」（Z）
「前金不用」（Z）
「若くして重役になる」（XYZ）
「フケをさっぱりと取る」（XY）

感情で買っているのだなどと言えば、むきになって反対する方もいるかもしれないが、これは事実である！　この事実を見落としてはいけない。そして、一人のお客様を買う気にさせた感情的刺激は、もしそれが十分に基本的購買動機にそっているものであれば、次のお客様にも買う気を起こさせるという事実も、しっかりと心にとどめておこう！

ボタンなし部屋着の販売

主婦の最大の〝欲望〟は、例えば一日に五回も子どもの服を着せたり脱がせたりするといった、日常の家事から解放されたいということである（X）。

私はある百貨店の社長の依頼を受けて、新型のボタンなし部屋着の販売を促進するフレーズの実験をしてみたことがある。従来のボタンつきのものよりも二五セントも高いこの部屋着には、三十あまりのいろいろな「シズル」があった。そのうちもっとも新型部屋着を売ったのは、次のようなシズルだった。

「どんなときでも、お子様が**自分で**着ることができます」

この簡単なフレーズが、母親たちに、彼女らがいつも夢見ていた欲望のはけ口を与えたのである。それは二五セントも高いものを気軽に買わせるほど、基本的購買動機にそったものだった。

高価な安全ピンの販売

母親の——母親じゃなくても——不安は、安全ピンの留め金が何かの拍子にはずれて、身体や衣裳に刺さらないかということである（X）。ある百貨店の店員は、市販されている普通の品よりも一包みにつき五セントも高い安全ピンを、次のような簡単なセールストークでおどろくほどたくさん売りさばいた。

「これは、途中ではずれてケガをするようなことは、絶対にありません」

母親のもう一つの不安――欲望と言い換えてもよい――は、おしめのために子どもが股ずれしたりケガをしたりしないかということである（X）。改良型のおしめが売り出されたとき、ある店では、こういうセールストークを使って、それを売りまくった。

「これは改良型で、安全ピンなしで使えます」

紫外線カットの下着《スリップ》

太陽光線が強烈で、道幅も広く、さえぎるもののない南部に住む女性たちのニーズ（欲望）は、「強烈な太陽の下でも紫外線を通さないように作られたスリップが欲しい」というものだった（X）。

実は、この問題はいくつかの製造元によってかなり前から解決されていた。しかし店員は、しっかり縫製されていることなどばかりをくどくど説明して、的を射た「シズル」を使わなかったため、たいした売れ行きをみせていなかった。

このアイデアに気がついたのはヘクト百貨店だった。私たちの調べたところによれば、お客様に品物を見せるときに必ず「あるフレーズ」を使うようにしてからは、六〇パーセントもスリップの売上が伸びたのである。そのフレーズとは、次のような簡単なものだった。

「どんな暑い日にも、紫外線を通しません！」

これが、ホイラーの公式Xにあたる、自衛本能のもう一つの例である。

ロマンス（Y）で家具を売る

ヘクト百貨店で試したもののなかにはこんなこともあった。

夏のことだ。店員がショッピングしている女性に気持ちよさそうな安楽いすを見せて、こう話しかける。「これは新型の昼寝用のいすなんですよ」

女性が「昼寝用のいす」とは何ですか、と尋ねたらこう答えるのだ。

「頭がすっきり休まるように、非常に科学的につくられたものです。昼寝などをなさるのにもってこいのいすでございます」

副社長のチャールズ・ダルカン氏によれば、この簡単なフレーズを使ったことによって、この商品の売上は一〇パーセントも増えたそうである。

電球を売った「シズル」

ヘクト百貨店における実例はほかにもいろいろある。だが最後に、次のような簡単なフレーズによって、七月だけで七〇〇個の電球を余分に売った例をつけ加えておこう。

「この電球は新しい電気スタンドを美しく見せます」（Y）

クリーブランドのシアーズ・ローバック（スーパーマーケット）では、次のような簡単なフレーズを呼びかけに使うことによって、一〇〇人のお客様のうちの二〇人をつかんだそうである。

「奥様、奥様は台所にいらっしゃることが多いでしょうか？」

お客様が「なぜですか？」と聞いたら、店員は一〇〇ワットか一五〇ワットの電球を次のように言って勧める。

「これですと、お料理本の細かい文字も楽に読めるんですよ」（X）

お客様の冷静な論理を素通りして、その感情に迫るようなぴったりの「シズル」のエサさえつけておけば、ネズミとりのバネはいつも「これは」という瞬間にはね返る。

ある店で、肩からずり落ちないサスペンダーをつくり、「肩からずり落ちません」という簡単なフレーズを使ったところ、大成功した。

自衛本能（X）、ロマンス（Y）、金銭（Z）――この三大購買動機を忘れないこと。これを使えば成功は間違いなしである。

頭よりも、心《ハート》のほうがお客様の財布の近くにある！

8

彼らは先週もブルックリン橋を売っていた

ホイラーのAとBのルール

私は、つい数週間前にも「ブルックリン橋売ります」詐欺で逮捕者が出たという新聞記事を読んだ。ＦＢＩ（連邦捜査局）があり、Ｇメン（政府役人）が活躍し、ラジオやテレビが普及している今日でも、にせものをつかまされたという人の話はたびたび聞く。

こういったことが起こる理由は、ものを買うときに証拠を要求しない人々がいるためだ。しかし、そういう人はどんどん少なくなってきている。

例えば、グラント百貨店で角型洗濯ばさみを売っている店員は、「この洗濯ばさみは決して転がりません」というセールストークを使う。そしてそれを口にするときは、必ず「花」を添えるために、カウンターの上にわざとそれを落として見せる。

また、私たちがつくった「必勝フレーズ」を使っている、あるガソリンスタンドのセールスマンたちは、ドライバーに新型のワイパーを勧めるときに「ブラシが三列についているので、一回動くたびに三回ぬぐったことになります」とわざわざワイパーを車の中にさし入れる。ドライバー自身にそれを**目で確かめさせ、触らせ、検査させる**ようにしているのだ！

セールストークをつくるときに覚えておかなければならない原則

ジェイクおじさんは、街角で「ブルックリン橋の権利を持っている」と自称する山高帽をかぶった男性から、「その権利があれば、一人につき一〇セントという高い通行料を取ることができて、たちまち億万長者になれる」と聞いて、橋を買いたいと思った。ジェイクおじさんはその取引について、何の質問もしなかった。相手が「正直そうに見え、すらすらと話した」からだ。そこでジェイクおじさんは自分の家を抵当に入れ、五六五ドルの現金でブルックリン橋を買ったのだった！

しかし今日では、ジェイクおじさんと言えども、何か立証を求めるだろう。いまの買い手は、事実の陳述（A）を聞こうとすると同時に、その立証（B）を求めようとする。だから、多くの人をすみやかに納得させるために覚えておくべき原則とは、あなたの売り物を手に入れることによって相手が受ける利益と恩恵について話すと同時に、何らかの方法でその事実を立証することである。

これがAとBのルールである。利益を述べるのがA、立証するのがBというわけだ。

「私も同じものを着ています」は通用しない

昔は、よく店員たちが「私も同じものを着ています」と言うと、お客様はそれを聞いて買う気になったものだ。しかしこの言葉も、いまでは使い古されている。おまけに、いまのお客様は、特にセールスマンなどが、自分の買おうとしているのと同じものを持っていることを決して喜ばない。

私たちがメイシーズ、アルトマン、メイなどの大きな百貨店で実際に調査したところによると、今日では「ジョーンズ夫人も持っていらっしゃいます」という言葉もそれほど効き目がない。もっとも、この「お勧め言葉」は、上手に使えばまだ役に立たないというわけではないが……。「これはうちのベストセラーです」は、ときには効果的である。というのも、この言葉は特定の人を指していないせいである。しかしこれも、どちらかといえば陳腐になってしまった。

露天商は「このクシは決して折れたり、欠けたり、曲がったりしません」と言いながら、クシを力いっぱいぶつけたりしごいたりしてみせる。「花を添えて言え」を劇的に演出する。本能的にAとBのルールのBを適用しているのだ。

セールスをより早くまとめようと思ったら、利益を述べ（A）、それを証明してみせる（B）のだ！

「触る」「見る」「手にとる」

六〇秒でクローズするためにすばやく相手を納得させるのに使う用語として、次の三つの言葉を欠くことはできない。まずお客様に品物を触らせ、それを手にとらせることだ。こう言おう。「このストッキングのやわらかい肌ざわりを**手で触れて**みてください」「ハンドルを**おつかみいただき**、そのぐあいの良さを**実感してください**」

冷蔵庫のセールスマンはこう言う。「ご自分でおやりになって、開けやすさをお試しください」

断熱材を売っているジョンズ・マンビル社のセールスマンは、自社の断熱材の性能が優れていることをお客様に説明するために、わざわざ家族ごと通りへつれ出す。彼はロックウール断熱材を使った家の屋根を指さしてこう言う。「ブラウンさんの家の屋根をご覧ください。熱が外に逃げないため、雪が残っています。それにひきかえ、お宅の屋根は断熱材を使っていらっしゃいませんので、雪がすっかり溶けてしまっています」

これはお客様を説得するのにもってこいの言葉である。そしてセールスマンは、こう言ってクローズにとりかかる。「これまでは外を暖房するのにお金をかけていたようなものです。燃料費のお支払いも大変だったでしょう。お宅を改装なさるのにかかるロックウールの費用など、三年もかからないうちに燃料の節約分で自然に出てしまいます」

大事なのは**どれだけ多くかかるか**でなく、**どれだけ節約になるか**を強調することだ。

「ボタンはシャツにしっかり縫いつけてあります」

ボルチモアのメイ百貨店では、男性もののシャツを売るのに、「ボタンはしっかり縫いつけてあります。ひっぱってもとれません」という私たちの「必勝フレーズ」を採用し、店員にしゃべらせるようにした。売れ行きは順調だったが、さらに、ある店員がそれに「花を添えて話して」、ボタンをひっぱって見せる実演販売を始めてからは、その売れ行きは三倍に伸びたそうである！

お客様は「自分の利益になること」を聞いた（A）。それから、その証拠も見た（B）。すると、私たちがみんな持っている「猿マネ本能」が働いて、彼らはシャツを手にとる。そして自分で納得するために、ボタンをひっぱってみるのである！

しかし、いつもうまくいったわけではない

「必勝フレーズを見つけ出すのは大変ではありませんか」とよく聞かれる。そのとおりだ。ときにはずいぶんと手間暇のかかることもある。簡単な一語を見つけるのに、たくさんのテストをしなければならないことも多い。

例えば、メイシーズ百貨店に、非常に軽い布でできた男性用シャツを売るアイデアを出したときのことだ。

私たちのアイデアは、まずシャツをカウンターの上に置いてこう言う。

「この軽さをご覧ください」

それからそのシャツをふーっと吹いて、お客様の手の中に吹きとばすという方法だった。

素晴らしい演出！　一〇秒で話せる魅力的なフレーズ！

しかしこれは失敗だった。最初の店員はシャツをカウンターから吹きとばすだけの肺活量がなかった。かつてフットボール選手だった別の店員はお客様の肩ごしに吹きとばしてしまった。そのほかの二人の店員はタバコくさい息を吹きかけてお客様に顔をしかめさせた。

素晴らしいアイデアも最初の一〇分間のテストでおじゃんになったのだった。

そこで、私たちは別のアイデアを考えた。店員がポプリン（法衣などに使われる布。「重い布」と考

えられていた）のシャツをとって、それをお客様の右手に乗せて、こう言う。「このシャツの重さがお分かりですか？」

それから今度は、ポプリンのかわりに、もっと軽い先ほどのシャツを手渡してこう言う。「このシャツの重さはいかがですか？」

重さの大きな違いが、お客様には**すぐ**分かった！

買い手の利益を話し（A）、それを立証する（B）ことによって、一〇秒間で売る原則の素晴らしい見本である！

絵は立証の好材料

ジョンズ・マンビル社のアーサー・フッドは、自社の成果として、みすぼらしい台所を夢のような台所に改装した実例を私に見せてくれた。改装前の写真と改装後の写真を見せたのである。

ジョンズ・マンビル社のセールスマンは、次のようなセールストークを使って、大いに売上をあげている。「これは、私たちが改装したX町のスミス夫人の台所ですが、この台所をどう思われますか？」

この誘導質問で、たいてい、こちらが希望している答えが返ってくるものである。

AとBのルールを覚えておこう。まず最初に、相手の利益をうちだしたら、すかさずその証拠を挙げる。あなたも、絵ハガキに「とても楽しかったです」と書くときには、それを証明するために、素晴らしい景色のものを選ぶのではないだろうか。

プディングのおいしさを立証するには、食べさせてみればよい。

もしあなたが自分の販売能力を二五パーセント上げたいのなら、これからすぐ「証拠を添えて言う」ためのいろいろなテクニックを覚えて、あなたの話を証拠で飾ろう。

ホイラーの公式、ルール、原則、法則の適切な実例

9 最初の一〇語はそれに続く一万語よりも重要である

「手紙を書くな、電報を打て！」はどんなことにも使える。このスローガンをホイラーの公式第二条に選んだことには、はっきりした理由がある。どんなに多忙な人でも、電報が届けば、それに注意をひかれないわけにはいかない。電報を打つほうもまた、伝えようとすることの「シズル」だけを集めて、それを一〇語に煮つめなければならない。——その結果、伝えたいことは一〇秒間で語られ、完全に成功する。

ウィリーぼうやは、パンとジャムがもっと欲しい。お兄さんは、今夜のデートに自動車を借りたがっている。父親は出かけて、仲間とトランプをしたい。母親は、新しい帽子が欲しい。ジョーおじさんは、新しい化粧品の販売計画を立てようとしている。スーお姉さんは、恋人に新婚旅行はバミューダ島に連れていってほしいと思っている。一方、牧師は家庭訪問をして教会に引き入れようと計画している。

いずれにしても、彼らの最初の一〇語は、それに続く一万語よりも重要だ！

正しい組み合わせ

会社に勤めている人はだれでも、金庫のダイヤルに書かれている数字は知っている。だが金庫を開けて、中の金を取り出すための数字の組み合わせを知っている人はごく少数である。

販売も同じことだ。どのセールスマンも、自分の商品についてたくさんの「シズル」を知っているし、販売用具の内部の数字も知っている。しかし彼らは、往々にして、人々に買わせるためにそれらのフレーズを正しく組み合わせることは知らないのだ。大切な言葉を相手に正しく伝えようと思ったら、その「シズル」をできるだけ少ないフレーズに煮つめ、その説明をできるだけ短くしなければならない。これは間違いない。

すでに「ホイラーの五つの公式」でも述べたが、もう一度、この公式の底にある心理的理由を考えてみよう。理由を知ることは、事実を知るのと同じぐらい興味深いことである。

一〇秒の注意をひかなければならない理由

あなたが会社に出かけていくときでも、心の中ではあれこれ考えて、目はあれこれ見て、いわば「空想」の世界にひたっている。何でも見ているようで、実は**何にも見ていないのだ**。心はどこかへ飛んでいって、空中楼閣を夢見ている。無意識に帽子に手をやったり、無意識に車をよけたり、本能的にぶつかりそうになった人をかきわけたり……。目ざめているのだが、実は**眠っているのだ**。ボーッとしているのである。

こういうとき、突然だれかがあなたに向かって「必勝フレーズ」を使ったとしよう。すると、それがあなたの脳天をつらぬいて、あなたは正気に返る。全身が目と耳になる。「シズル」があなたの注意をとらえたのだ！

私たちは、自分の言うことを人の頭にたたきこむ秘訣を身につけなければならない。というのは、たとえお客様が私たちと目と目を合わせたとしても、その心はまだ遠くをさまよっているかもしれないからだ。お客様の**眠気**をさます必要があるのだ。ぼんやりした頭をはっきりさせるフレーズが必要なのだ。

「止まれ、見ろ、聞け」と言うのは、現在では、多くの人々にとって何の意味もなくなっている。たとえ相手が見たとしても、毎日たくさんの刺激がありすぎるからだ。見ただけでは、どうにもならない。

自分のセールストークを、もう一度点検してみよう。「眠気ざまし」になる適切なフレーズをどれだけ持っているだろうか？　賭けてもいいが、あなたが普通のセールスマンと同じだったら、ごくわずかしか持っていないはずだ。相手の「空中楼閣」をゆさぶり、ぼんやりした寝ぼけ眼《まなこ》を鋭い注意に変えるようなセールストークを、豊富に準備しよう。

これが、ホイラーの公式第一条が「ステーキを売るな、シズルを売れ」で、第二条が「手紙を書くな、電報を打て」となっている理由だ。そして私たちが「最初の一〇秒、最初の一〇語に注意しろ」と忠告するゆえんである。

一〇秒の注意をひきつけたら、そのあとはどうするか

「シズル」を打ちこんでお客様の寝ぼけ眼《まなこ》をさまさせたら、あなたの言うことを相手の心、血液、身体にしみこませる約三分という短い時間を手に入れたことになる。つまり、相手の気持ちが三分間だけよそに散らないでいられるという意味だ。

五マイルも歩いたり、数章も本を読んだり、相当な時間話したりしたあとは、人間の筋肉や頭や精神はぐったりして疲れを覚えるものである。吸取器《ブロッター》（万年筆などの余分なインクを吸い取る文房具）もたくさんのインクを吸い取れば、ぐしょぐしょになってしまって役に立たなくなるのと同じだ。

私たちの実地調査によれば、もしあなたが相手に話させるか、相手の興味を新たにするようなショーマンシップを使うか、話題を変えずに三分間以上話し続ければ、お客様を疲れさせてしまうことが明らかになっている。

お客様は三分間だけ精神を集中させることができる。それから彼は、話をしたくなったり、何かをしたくなったり、あなたのやっていることに加わりたくなるのだ。これが、私たちがホイラーの公式第三条を「花を添えて言え」とした理由である。この公式は、お客様にあなたのセールスショーに参加させろ、ということを言っているのである。

心理検流計によるテスト

かつて、私は、ジョンズ・ホプキンス大学で、特定の「シズル」が人々にどう反応するかを知るために、心理検流計（いわゆる嘘発見器。警察で使われているものと同じ）を使って実験したことがある。それは、器械の一端をお客様に固定して、その前で長いセールストークを述べる。そうすると、お客様の心の動きがフィルムに記録され、精神的反応が分かる、といった仕掛けだった。その結果、期待どおりのはっきりした証拠が得られた。

この器械の記録から、セールストークの効力が目に見えて減退する限界が三分間であると、はっきり分かった。またこの実験から、言葉は人間に対して精神的に影響を与えるだけでなく、肉体的にも影響を与えるということが分かった。そこから、相手が限界になる前にすばやくクローズするためのテクニック、すなわちホイラーの公式第四条の「もしもと聞くな、どちらと聞け」が生まれたのである。

「レモン」「綿」「パセリ」

「レモン」という言葉を例にとってみよう。果汁をたっぷり含んだ新鮮なレモンにガブリとかじりつくところを想像して、あなたの唾液腺がどう働くかを見てみよう。だれかにこの言葉を話し、レモンを切る様子を語ってほしい。そして、**相手のつばに注目してみよう**。

相手の口を渇かそうと思ったら、乾燥した綿を口いっぱいほおばった様子を心に描いてもらう。その光景を考えただけで、唾液腺がカラカラになる。「パセリ」という言葉を考えただけで、口をすぼめたくなるのと同じ理屈だ。

私がバイオリン奏者のデイブ・ルビノフのセールスアドバイザーをしていたとき、彼から聞いたことがある。バイオリンの弾き方ひとつで、聴衆を心理的だけでなく、肉体的にも動かすことができるそうだ。「ユモレスク」を低く優しく奏でると、聴く人の涙腺が緩んでくる。「セントルイスブルース」を聴くと、身体がムズムズしてくる。「恋人よ、我に帰れ」は女性たちの胸をときめかせる。スーザ（『星条旗よ永遠なれ』など行進曲を数多く作曲した）の行進曲では、男性はそれに合わせて足拍子をとる。

これが、人間に及ぼす言葉の調子の感情的な力である！　ホイラーの公式第五条「吠え声に気をつけろ」は、ここから作られた。あなたの声は、あなたの言葉の運び人であることを忘れないように！

この事実の適切な見本

一〇秒で注意をひき、お客様が飽きないうちに、三分以内で言うべきことを言ってしまわなければならない。歯科用合金をつくっているL・D・コーク社の商品説明は、この事実の適切な見本である。

この商品説明は、同社社長のウィリアム・グリアと私が協力してつくったもので、病院回りのセールスマンに対してほんのわずかな時間しか割けない、多忙な歯科医用につくられている。彼らは職業人であり、彼らの時間は貴重である。この事実を念頭において、ホイラーの五つの公式を使って次のような三分間のセールストークをつくった。

セールスマン　（初めから相手の強力な注意をひきつけながら）先生、治療なさる歯の一本につき一セントで保険をお掛けになりませんか？

歯科医　（仕事の手を休めて、けげんそうにそちらを見て）どういうことかね？

セールスマン　中国人は売ったものに保険をつけるために一セント余計にお客様からもらうそうですが、ＴＣ合金をお使いになることによって、一本の詰め物につき一セントで先生の名声に保険がつけられるのです。（歯科医は関心をもちはじめる）先生、ご承知のように、これまでの歯科用合金は一本につき約三セントでした。わが社のＴＣ合金は四セントですが、余分の一セント分として次のような利点がございます。（歯科医はますます強い関心を示す）まず第一に、これは科学的に配合された合金でございますので、加工しやすいだけでなく患者の歯にぴったり密着します。酸におかされたり熱でやられたりいたしません。第二に、わが社のＴＣ合金は銀の上皮をもった微粒子からできており、粒子の一つ一つにより多量の銀を含んでおりますので、詰め物をした患者さんの歯の噛む力はずっと強くなります。第三に、この「銀の上皮」は患者の口のなかで銀の輝きを永久に保ちます。先生、この三大利点があるのですから、一本につき一セント高いだけの値打ちは十分あるのではないでしょうか？

お客様が飽きないうちに売り込め

これまで述べたことを要約しよう。もしあなたがセールスを、より正確に、より誠実に、より敏速に進めようと思ったら、心理学的理由からしても、生物学的理由からしても、五つのホイラーの公式に従わなければならない。

すなわち、一〇秒という短い時間に、相手のぼんやりした精神状態を覚醒させて、あなたに注意を向けさせ、次に、お客様に精神的、肉体的な飽きがくる前の三分間で、あなたの最上の「シズル」を集中的に打ち込まなければならない。

すべての「必勝フレーズ」の基礎となっているホイラーの公式は、いずれもこの哲学から出ている。まず「シズル」を見つけ出し、ついで、それを「電報形式」で表現し、さらにそれを劇化し、強調点を証拠づけるために、「花を添えて言い」、もしもと聞かないで、どちらと聞くことによって、相手が飽きてしまわないうちにクローズにもっていく。

話している間の、あなたの声の調子も重要である。どんな立派なメッセージでも、電報係がキーを打ち間違えたら何の役にも立たないのと同じだ。

飽きさせず、疲れさせないようにして、お客様の**のど**がもっと水を欲しがるようにしよう。どんな人も、ゲームに入れてもらえなければうんざりする。どんな俳優も、観客が**もっと見たいと望んでいるときに**幕を降ろすのが最上だということを知っている。サーカスのパレードでさえ、あまり長く見ていれば目が疲れる。チョコレートソーダも三本目にはだんだん苦くなりはじめる。

だから、**いますぐ**ホイラーの五つの公式を思い出し、頭に刻みこもう！　あなたの仕事に生かそう！

あなたが売っているものの中から「シズル」を見つけ出し、その「シズル」を一〇秒で言える「電報」にまとめよう。どうすれば、その「シズル」に「花」を添えて言えるかを研究しよう。敏腕の弁護士のように、「どちら」「どこ」「いつ」「どのように」を使って、すばやくクローズしよう。それから、自分の声の使い方を勉強しよう。確信ありげに、正直そうに、また誠実そうに聞こえるかどうかを研究しよう。

もしあなたが、以上のことに「イエス」と答えられるようなら、お客様の興味と欲望を喚起して、何を売ってもそれを買わせてしまうテクニックは、あなたのものだ。

原理は次のように簡単だ。

あなたの「シズル」を、「花」を添えた電報の言葉に縮めて、三分以内でセールスが完了するように練りあげよう！

10

「立派な注文書」がサインをするわけではない

メリーゴーランドに乗ってぐるぐると回っていれば、いずれ〝真ちゅうの輪《ブラスリング》〟をつかまえるチャンスがやってくるように（メリーゴーランドに乗っている間に、設置されたリングをタイミングよく取り、真ちゅう製の金色の輪を取れた人は「当たり」でもう一度乗ることができる。鉄の輪は「はずれ」）。セールスのサイクルにも、お客様のサインをもらうたくさんのチャンスがある。

こんな話がある。ネルは村一番の美人で、将来性のある恋人もたくさんいたが、ある日、最もお金がなく、醜い男性と結婚した。彼はたぶん心優しいのだろうが、一文なしだった。

「あなたほどの魅力があるのに、なぜよりによっていちばん条件のよくない男性と結婚したのか」と聞かれて、彼女は、いとも楽しげにこう答えたのである。「でも彼は、私に結婚してくださいと申し込んだ、ただ一人の男性だったんです！」

もしサインが欲しいのなら、「サインしてください」と頼もう！

サインをもらうテクニック

サインをもらうテクニックは、立派な注文書や金メッキをした万年筆を差し出すといったものではない。

ジョンズ・マンビル社のセールスマンは「うまいやり方」で主人とその妻にこう尋ねる。「ところで、予備室はどちらにいたしましょうか？　屋根裏になさいますか？　それとも地下室に？」（ホイラーの公式第四条）。

もし二人がそれに賛成したら（そういうことはあまりないが）、セールスマンは勝ちだ。二人がどこにしようかと議論を始めたとしても同じだ。というのは、最終的に予備室がどこになろうと、あるいはだれの意見が通ろうと、注文をもらえることにかわりはないのだから……。

フーバー電気掃除機の教育部長、W・パウエルは次のような巧妙なクローズ法を考え出している。

「奥様、私たちがなぜこれを一五〇型と名付けたか、ご存じですか？」

お客様が「知らない」と答えると、彼はこう言う。

「週にわずか一ドル五〇セントを払うだけでこれが手に入るからです。とても耳よりなお話ではありませんか？」

もしその女性が「主人と相談しなければ」と言ったら、さらにこうつけ加える。

「一日当たり、わずか二〇セントでございますよ。これはお子様のおやつ代にもならない額です」

サインを求めるな、「許可」を求めろ

多くのセールスマンは、契約書を取り出してはみたものの、「ご署名をどうぞ」と言うのは難しいと感じているようだ。実際にこういう言い方はあまり好ましい表現ではない。

むしろこう言ったほうがはるかによい。

「ご承諾のしるしを、ここにどうぞ」
「ここがオーケーをいただくところです」
「ちょっとここにイニシャルを……」

突然、万年筆を差し出したりしてはいけない。お客様はギョッとしてしまうだろう。お客様が見慣れて気にかけなくなるように、ペンと注文書は早くから出しておこう。もしできるなら、相手に持たせてしまうとよい。フーバー電気掃除機のあるセールスマンは、注文書の上にわざと床のごみを落とし、鉛筆でそれを払い落としながらこう言う。

「このザラザラする音をお聞きください。これがお宅のじゅうたんを台なしにする張本人です」

そして極めて自然な動作で、お客様が自分でそれを試し、ザラザラする音を聞けるように、お客様の手に紙と鉛筆を渡してしまう。このように、メリーゴーランドのブラスリングがまわってきたときに備えて、早い段階で、サインのために紙とペンを準備するのである。

「もしも」を使わないで、「そのとき」を使え

「もしも」という言葉は使わずに、「そのときは……」と言おう。例えば――

× 悪い例「もしお買い上げいただければ、きっとお喜びになりますよ」
○ 良い例「お求めになってよかったとお喜びになりますよ」
× 悪い例「もしドライブにお出かけになることがございましたら……」
○ 良い例「ドライブをなさるそのときは……」

「もしも」は弱い。使わないほうがよい。使うことによって、あなたの主張は弱められる。あなたの言うことが、自信なさげに聞こえる。「そのときは……」は力強い、積極的な言葉だ。これを使おう。

「もしも」は**消極的だが**、「そのとき」は**楽天的だ**！

ハワード・デュガン、町へ行く

クリーブランド・スタットラーホテルの前マネジャーで、現在は同ホテルチェーンの副社長をやっているハワード・デュガンが、私たちといっしょに考え出した「セールストーク」で成功した話を披露し

よう。

彼には、前年からクリーブランドで開かれている五大湖博覧会について、二年目に入ってからも関心を持続させ、クリーブランドの実業家たちから前年の援助金の二倍の寄付を集めるという責任が課されていた。

ハワード・デュガンは博覧会の後援者たちを召集して「じつはあなた方から前の年の二倍の寄付金をいただく手はずになっているのですが……」などと説明するようなことはいっさいなかった。そのかわり、六〇秒で勝負を決めるセールステクニックをひそかに用意していたのである。ブラスリングがまわってきたら、すかさずそれをつかもうと待ちかまえていたわけだ。

「成功した」彼の有名な電話セールストークは次のようなものだ。

「もしもし、ビル君、君は博覧会実行委員会が、来年の君の割当金を**三倍に増やそう**と計画しているのをご存じだろうか？」

みごとなセールストークである。それは電話の向こう側の関心をすばやくとらえた。ハワードは相手の注意をひきつけておいて、第二弾の最上の「シズル」を打ち込んだ。こう言ったのである。「じつは僕によい手があるんだが……。僕の考えではせいぜい去年の二倍がいいとこで、三倍なんかとんでもないと思うんだよ」

電話の向こう側の男性はハワードの言うことに同感して、賛意を表した。ブラスリングがまわってきたのだ。ハワードはすばやくそれをつかまえて、こう言った。「二倍で十分だという意見に賛成してもらってうれしいよ。私たちみんなのお金の節約になることなんだからね。いますぐ使いの者に君の小切手を持たせてよこしてくれないか。僕が今日の午後自分で委員会にそれを持参して、連中が会議で三倍案を決めてしまわないうちに、二倍で十分だということを説得してくるよ」

小切手はどんどん集まってきた。町中の人間がこのアイデアを売りつけられたのである。そして大博覧会は、成功裏に二年目を迎えることができたのだった。

覚えておかなければならない原則は、次のことだ。——注文書が自分でサインすることはない。注文をもらおうと思ったら、サインをしてくれるように頼まなければならない。セールスの途中でブラスリングをつかむ機会はたびたびやってくる。その機会を見つけたら、それが過ぎ去ってしまわないうちに、相手が反対を言い出さないうちに、六〇秒でそれをつかまえるのだ。

そしてサインをもらったら、**いちばん近いドアをめがけて走り出そう。歩いていたのでは間に合わない！**

議論ではなく、決定を手に入れろ

手に入れるのは、議論ではなく、決定でなければならない。反対を言うお客様とけんかしてはいけない。彼が間違っていることをやんわりと知らせればいい。反対大歓迎ということを相手に知らせることで、相手の武器を奪ってしまうのだ。

質問や反対であなたがイライラしていることを、お客様に悟らせてはいけない。自信に満ちたほほ笑みで、それを歓迎しよう。

例えば、女性が電気掃除機を見て、こう言うかもしれない。「これは電力をたくさん使いそうね」。それなら、あなたはこう言おう。「吸引力が非常に強いのでそう感じられるかもしれませんが、実際はほんの少しの電力で済みます」

あなたは、その機械があまり電力を消費しないということを、やんわりとお客様に告げたことになる。これがもし「とんでもない。たくさんの電気など使いません」と答えていたら、お客様との議論にまきこまれたことになる。

もしお客様が「ずいぶん重そうね」と言ったら、「重いですって？　そんなことありませんよ」などと答えてはいけない。こう答えよう。「重そうには見えますが、どんなに軽いか、ちょっとお試しになってください」

お客様の言うことに**一応同意して**おいて、それから巧妙にあなたの考え方にひきこむのである。

反対に「答えすぎ」るな

くどくどと反対に答えるのは、やめたほうがいい。かえって相手に不審の念をいだかせてしまうからだ。反対には、すばやく、口数少なく答えるべきだ。答えが短ければ、お客様が話をむし返したり、議論をふっかける機会も少なくなるというものだ。

長く話していれば、それだけ相手に新しい反対を考え出す時間を与えることになる。相手にしゃべらせ、あなたは考えよう。次のような質問を相手にぶつけることによって、相手に話させよう。

「どちらがお好きですか？」

「この色がよろしいですか？　それともこれ？」

「このサイズでよろしいでしょうか？」

「これは丈夫にできていると思いませんか？」

「こちらのほうがなめらかだと思いませんか？」


お客様には「イエス」と言わせるようにして、「ノー」と言わせてはいけない。特に、物知りのお客様は注意深く扱わなければならない。彼の言うことに一応同意しておいて、こう言おう。


「これについては何もかもご存じなのですから、きっとこの品が最上のものだということも、お分かりいただけると存じますが……」

「お目が高くていらっしゃいますから、これならきっとお気に入っていただけると存じます」

「これこそ、お気に召す品です」


物知り屋と議論してはいけない。議論ではなく、**決定**を手に入れるのだ。「イエス・バット」式セールスマンでなければならない。まず「はい」と言っておいて、それから「しかし」と切り出そう。

常にこのようなテクニックを使って、物知り屋をものにしよう。「この製品について本当に知っていらっしゃる方にお目にかかれるのは、ありがたいことです。いかがでしょうか、この二つのうちのどちらがより実用的だとお考えですか？」

「物知り」を尊敬しろ

物知り屋には、あなたがその意見を尊重していると思わせなければならない。この点について信頼を得さえすれば、あなたの言うことも聞くようになる。こうなれば、こういう人に売り込むのはたやすい。「物知り」のお客様、「カラ騒ぎ」するお客様、「特殊な」お客様に対しては、その話を途中でさえぎったりしてはいけない。しゃべらせよう。自分で納得させよう。

ときには、物知り屋が第三者の立場にあることがある。この第三者を無視したり、避けたりしてはいけない。次のような質問で彼をセールスにひきこもう。

「ご意見を聞かせていただけませんか？」
「奥様はどちらをお取りになりますか？」
「どうお考えですか？」

議論ではなく、決定を手に入れるのだ、ということを忘れてはいけない。「イエス・バット」法で議論を避けよう。そして、お客様から「イエス」の答えを得るように話すのである。

覚えておくべき原則は次だ。――議論ではなく、**決定**を手に入れろ。

11 お客様の「体温」を測るには

お客様としばらく話したら、今度は、お客様がこちらの提案に対して乗り気になっているかどうかを知るため、また、クローズに正しく狙いをつけるために、お客様の「体温を測る」必要がある。

相手の「感情状態」を知るために使ういくつかの質問がある。「体温を測る」ために使えば、大いに役立つ言葉だ。例えば、こんな質問である。


「どちらをお選びになりますか？　こちらですか、あちらですか？」

「コードはこれで十分でしょうか？」

「このほうが分かりやすいと思いますが、いかがでしょうか？」

「現金でお支払いになりますか、それとも小切手で？」

「こういう場合は、どのようにお支払いになっておられますか？」

「お宅にお届けいたしましょうか？」

「リビングルームにお取り付けしましょうか？」

「受取人はお子様になさいますか？」

これらの質問のほとんどは、返事をするのに、単に「ノー」「イエス」を言うだけでなく、何かをしゃべらなければならないようにできている。

しゃべらせることによって、相手を「温めなおす」のだ。冷えたモーターを動かすには温めなければならないように、冷えたお客様をもう一度温める。しゃべればしゃべるほど、相手は、反対や欲望や希望や野心や好き嫌いなどの胸のうちを語ってくれるわけだ。それによって、これからどうやったらよいか狙いをつけることができる。そして、プレゼンテーションの次の手を考えることができる。

医者が次の処置をとるために患者の体温を測るように、セールスの過程においても、常に数回はお客様の「体温を測る」のを忘れないこと。

そして「シズル」を売り、ショーマンシップ、演技、立証の「花を添えて、それを言う」のだ！

クロージングの技術

あなたの商品、あなたのサービス、あなたのセールスカバンの中身の、結果、利益、利点を見失わないようにすること。

すばやくクローズする技術は、お客様に向かって適切な「シズル」を使っているという自信、また、その自信を相手に反映させることから生まれるものである。こう言おう。

「これこそ、お客様のご要望にぴったりだと確信しております」

「ご希望に最適のタイプです」

「お客様のお考えには、これがいちばん向くかと存じます」

「これこそ、ぴったりの品です」

「これが最も便利かと存じます」

「これなら間違いなく、十分お役に立ちます」


次のようなことを言って疑念を抱かせてはならない。「これがお探しの品だと思いますが……」「たぶん、これでよいと思いますが……」「……かもしれません」

はっきりしていること！　直接的なこと！　積極的なこと！　自信をもっていること！

ときには、あなたが「体温を測って」いるとき、お客様のほうから「よそでもっと話を聞いてみてから」とか「ほかの品を見てから」とか「もっと安いものが欲しいから」などと言われることがある。お客様が本気でそう思っているのなら、たぶんこんな言葉を使うだろう。


「このスタイルは好きではないわ」

「これは私が探しているのとはまるで違います」

「もう少し小さいのがありませんか?」

「もっと安いのがありませんか?」

「ほかにどんな色がありますか?」

もし、このような「真剣な」意見が出たら、もっと見せよう。もっと説明しよう。ほかの値段を知らせよう。あるいは、何らかの妥協点を探ろう。相手は買いたがってはいるのだが、そのときあなたが見せた品については、まだ「買い気」が起こっていないのだから……。

次に挙げるのは、もうひと押しすれば買うところまでいっている、おずおずしたお客様や、煮えきらないお客様がよく使う言葉である。こういうお客様と、実際にあなたの品をもっと見たがっている人とを取り違えてはならない。煮えきらないお客様は、こんなふうに言う。


「良さそうだとは思うけど、よく分からないわ」

「私が考えているのよりも少しお高いですね」

「これじゃちょっと高くないかしら?」

「これがいちばん良いのですか?」

「本当にこのタイプのものが売れてるんですか?」


こういう人々は、もう少し強く「売り込んで」もらいたがっている。この例で分かるように、彼らの言うことは弱い。お客様の体温を測ったあとで、もしこのような徴候の一つでも見つけたなら、クロージングに押し切ろう。たいていは成功する!

批判を回避するな

体温を測ろうとして、もし相手の批判や議論を引き出してしまったら、**決してそれを回避してはいけない**。それをぶっきらぼうに否定したり、反抗したりしてもいけない。次のように言おう。

「いいところに気がつかれましたね。いまご説明しようとしていたところでした」

「それについてはこれから申し上げますが、その前にまずこの特長をお聞きください」

まず初めに賛成しておいて、それから、その注意をよそに向けるのである。

もしお客様が「なるほど、それは良さそうだが、私にはどうもよく分からないね」などと言うようだったら、あなたはこう答えればよい。

「実際よろしいんですよ。お客様のご希望にぴったりです」

もしお客様が「私が考えているよりも高いなあ」などと言うようだったら、あなたは一応その意見に賛成したあとで、こう言う。

「これは、本当によい型でございます。なぜ私がこれがお客様の目的にかなうと考えているか、ちょっとお見せいたしましょう」

もしお客様が「かなりお高いようね」などと言うようだったら、あなたは一応その意見に賛成したあとで、こう言えばよい。

「奥様、これは素晴らしい製品でございます。そのわけをご覧にいれましょう」

そして、すかさずデモンストレーションに移るのだ。

覚えておくとよいもう一つの原則は、**利益を要約して述べろ！――**である。あなたが売っているものの利益や利点をあらかた述べたあとで、さらにそれを**要約してもう一度話す**。そして、こういう言葉でセールスを締めくくる。

「お客様は三人家族でいらっしゃいますし、ご主人が飲み物をおつくりになったり、野菜をつぶしたり、オレンジの汁をしぼったり、いろんなものをかきまぜたり、粉にしたりするのにミキサーをお使いになるでしょう。それにはこのミキサーがいちばんお役に立ちます。そう思いませんか？」

もう一つの簡潔な要約の仕方は、次のとおりである。

「ですから、お宅様の場合には……」

お客様が必要とするものにそって、常にお客様を正しく分類しておこう。例えば、子供用に薄手のトップコートを探しているお客様に、厚手のオーバーコートを売りつけようとしてはいけない。売ったり、陳列したりしようとする前に、まずお客様に何が必要かを見つけ出そう。**セールスカバンをおろす前に、まず調査しよう！**　そして、お客様の必要性と、あなたが売っているものから受けとるお客様の利益とを、要約して話して聞かせるのである！

自分は正しい進路を進んでいるか、余計なものを売りつけようとしてはいないか、お客様が本当に望んでいるものを売ろうとしているかを知るために、セールスの間じゅう、常にお客様の「体温を測る」ことを忘れてはならない。

医者は脈をとる。あなたもそうするといい！

12

相手の「買いシグナル」を告げるフレーズ

優れたセールスマンはみな、本能的に、あるいは意識的に、相手に「売れた」と判断できるシグナルや、代金か署名を求めるときがきたと告げるシグナルを探す。

経験を積み、目が鋭くなっていればいるほど、このシグナルをすばやく見つけ出せるようになる。このシグナルを見つけたら、迷うことなく手を伸ばして、**ブラスリングをつかまえる**のだ。「買いシグナル」が出たにもかかわらず話し続けたり、売り込んでいるようなセールスマンは、下手なセールスマンである。自分のおしゃべりのせいで、販売チャンスも失ってしまうだろう。

注意しなければならない買いシグナルとは、次のようなものである。


「どうしたら、いつまでもピカピカにしておけるんでしょうか？」

「ドライクリーニングしても大丈夫ですか？」

「ふつうに磨いて、いいんですか？」

「二人以上でも使えるんですか？」

「このお値段がギリギリのところですか？」

「こすれたり、すぐバラバラになったりしませんか？」

「予備の部品はつきますか？」

「配達していただけますか？」

「これを配達してもらうと何日ぐらいかかりますか？」

「いつの発送になりますか？」

「これが一番新しい型ですか？」


「買いシグナル」が出たら、売り込むのはやめなければならない。そのまま続けていると、お客様が考えてもいない余計なことを言って、お客様の考えを別のほうにそらしてしまうおそれがある。

買いシグナルが出たら

買いシグナルが出たら、ペンと注文書を取り、次のように言って、クローズに持っていくこと。


「お持ち帰りになりますか？」

「配達は来週の火曜日でよろしゅうございますか？」

「どちらへお届けいたしましょうか？」

「見積りをお出しいたしましょうか？」

「どちらの保険になさいますか?」
「いつから始めましょうか?」

またお客様は、言葉のかわりに次のような動作で「買いシグナル」を出すこともある。

●ペンや小切手帳に手を伸ばす
●後ずさりして、ためつすがめつ眺める
●あごをなでて考えこむ
●しみをぬぐい取ったり、ラベルをじっと見つめたりする
●ある箇所を開いてみたりする
●シートに座ってみる
●説明書を読む
●モーターをもう一度かけてみる
●スイッチを入れてみる
●契約書を取り上げる

とにかく、買いシグナルを認めたら、ただちにクローズにかかること。先は見えているのだ。商品説明はやめて、**条件について話すとき**だ。

人を動かすことに巧みなセールスマンは、「買いシグナル」に気をつけて、それが出たら**ただちに話すのをやめる。**

値段を言うテクニック

値段のことを言い損じたり、煮えきらない態度で言ったり、相手の気持ちも考えないでいきなり切り出したりして、大事な販売チャンスを失っている例は多い。値段を言うためのちゃんとしたテクニックがある。このテクニックを身につけるとよい。

販売に失敗するのは、値段の正当性をはっきり伝えられなかったためであることが多い。「シズル」を強く印象づけて、値段の重要度を低めることに失敗したのである。

失敗に終わった対面営業を調べてみると、そのほとんどは「商品から受ける成果や利益に比べれば、値段のことなどずっと重要度が低い」と思わせるのに失敗したことが原因だ。つまり、買いシグナルが出て、ブラスリングがくるまでもちこたえられなかったために失敗しているのである。

「値段」をあまり早く持ち出すな

値段のことをあまり早い段階で聞かれるのは避けたほうがよい。こう言おう。「お値段のことはこれから申し上げますが、その前に、この製品の特長を申し上げましょう」。あるいは、「その前にこれをご覧ください」。あるいはまた、「お値段のことをお尋ねいただいてありがとうございます。きっとびっくりなさると思いますが、その前に、お客様が受け取るもう一つの利益のことを申し上げましょう」

お客様がその品を欲しくなる前に値段のことを議論しても、その値段には何の意味もない。

「いくらですか?」と聞かれるのを回避しよう。興味、価値、成果、利益、利点のほうへセールスを速やかに推し進めることによって回避するのだ。感情的な興味のパレードをつくりあげるのだ。

しかし、お客様が値段のことを言ったときに聞こえないふりをするのはよくない。そんなことをすれば、お客様の心の中で、値段に対する気持ちを高い山のようにふくれあがらせるだけである。ただちに応答しよう。

お客様が「いくらですか?」と言ったら、即座にこう答える。「値段はいくつかございますが、それを申し上げる前に、この新型をご説明いたしましょう」。あるいはこう答えるのもよい。「それは、どの型がお客様のご要望に最もよく合うかによって決まります。まず、この二つの型の特長からご説明いたしましょう」

繰り返そう。値段のことを言い出されたら、急に黙ったりしないで、話し続ける。そうしているうちに値段への関心は、ほかの興味のほうに移っていく。値段のことを言われて急に黙ったりすれば、かえって値段の問題に重点を置く結果になってしまう。

分割払いは安く見える

「全額を一度に」と言うよりも、分割払いにするほうがよいことがよくある。

もしあなたが売っているものに付属品などがあるようだったら、その値段もひっくるめてお客様に話す。まず本体のほうの値段を言い、それから付属品の値段を言うなどということはしてはならない。ひっくるめた値段を言う。もし必要なら、本体をまず買って、部品はあとで買うこともできるとお客様に知らせればよい。

あまり高い品や、安すぎる品を勧めてはいけない。ちょうど中ぐらいの値段を言おう。高すぎるのと同様に、安すぎても、お客様をおどかすことになる。中ぐらいの値段に対するお客様の反応を見て、少し高い品か、少し安い品を見せるのである。

お客様が「高すぎる」と言ったら、こう答えればよい。「少しお高いと思われるかもしれませんが、これは最高の品です」

あるいは、一応高いことに同意しておいて、高いのは当然だと思わせるようなとっておきの「シズル」を二～三述べよう。こういうのも、効果的な心理作戦となることが多い。「はい、高くともそれだけの値打ちはございます。この特色は、この掃除機独特のものでございまして、他のどんな掃除機にもついておりません。お値段が違うだけの価値があるのでございます」

「費用」を売らないで「節約になる」ことを売れ

それが可能な場合にはいつでも、「一時の費用はかかるが、その後は節約になる」ことを示そう。こんなふうに説明する。

「最初のお値段は少しお高いですが、電気代を節約できます」

「おっしゃるとおりです。ただ、これをお使いになれば電気代の節約になりますし、じゅうたんも長もちいたします」

「奥様、お値段はお受けになる利益に比例するものでございます」

女性から出される値段に対する反対の多くは、夫に対して自分の立場を弁護するための答えをあなたから聞こうとしているのである。夫の場合も同じだ。

お客様に値段が高い理由をよく説明してあげれば、お客様はその理由を、夫に、妻に、父に、母に、上役に使うことができるわけだ。お客様に「買うことを決定したのは間違っていなかった」ことを立証する弾薬を供給しよう。

お客様が決心するのを助けろ

お客様に援助の手をさしのべよう。お客様は買う決心をするのに、助けが必要なのだ。

お客様が買おうと心に決める手助けをしよう。あなたが売ろうとしてるものを買うための理由をつけてあげることによって、決めかねているお客様に決断させるのだ。品物を店のほかの場所に移すだけで、あるいは、銀の食器をきちんとテーブルクロスをかけたテーブルにならべてみるだけで、あるいはコートをモデルに着せてみるだけで、あるいはまた、車をほかのタイプの車から離して通りに乗り出してみるだけで、すばやい決心をさせることがよくある。

もし値段のことが反対の原因だったら、その反対をもう一度繰り返してみせて、それが相手の唯一の反対であることを確かめる。それから、値段は結局小さなことであると立証して、それを盾にクローズする。

こう言えばよい。「お値段のことが、お求めにならない唯一の理由でございますか？」

もしお客様がそうだと答えたら、維持費がかからないこと、電気代が少なくてすむこと、ガソリン代が節約になることなどを説明する。

値段が大きな障害となっている場合には、その商品を持つことで得られる利益をよく説明することによって、その値段が妥当なものだと納得させられる場合がよくある。値段のことを言い出されたら、利益について語ろう。そうすれば、値段のことは小さく見えてくるものだ。

「なぜこのお値段で高いとお考えですか？」

値段が重要な反対理由であるときに使って効果のあるフレーズは、「なぜこのお値段で高いとお考えですか？」と反問することである。この質問で反対者は、なぜその値段が高いと考えるか説明せざるを得なくなる。彼は守勢に立たされ、うまく説明するのに四苦八苦する。その間にあなたは考える余裕ができる。

それに多くの場合、彼は自分が言っている内容を聞くと、それがいかにもお粗末で、単純で、ばかばかしく聞こえるので、そんな反対を言ったことが申し訳なくなってこう言うようになる。「いや、よく考えてみると値段はこれくらいが当然なのかもしれません。いいから包んでください」

この「なぜ」戦法は効果的である。あらゆる種類の反対にこれを使うとよい。お客様にとっては、これは手強い反撃である。なぜ値段が高いと言うのか、それをお客様に答えさせよう。そうして、あなたはその返事に焦点をおいてセールスを続ければよい。いつもお客様を言い訳をする立場におくのだ。

以上のいくつかの簡単な原則を覚えてしまえば、値段のことを言われた場合の対応は簡単である。どんなセールスでも値段は最も重要な反対理由である。セールスに成功するためには、それに打ち勝たなければならない。

値段のことを言い出されても動じないように、あらかじめ準備しておくこと。にゅっと万年筆と注文用紙をさし出したりしてはいけない。もっと手際よくやるのだ。これはどんなセールスにおいても大切なことである。

値段を言うテクニックを身につけよう。決して損はしない。

セールストークは値札よりも常に強力である。

13 相手に「イエス」と言わせる必勝フレーズ

あるとき私は、旅行かばんを持って、フィラデルフィア行きの列車に乗ろうと急いでいた。ペンシルバニア駅の大きな待合室を横切ろうとして、半分ほど通りすぎたとき、一人のポーターがニコニコして私のかばんを指さし、同時に声をかけてきた。「どの列車にお乗りになるんですか？」もう間に合わないかな、と思いながら、大あわてで「十時の急行に乗る」と答えた。ポーターは私のかばんに手を差し出しながら、こう言った。**「大急ぎで、これからすぐお供いたします」**

「頼むよ！」と私は思わず叫んだのだった。

私は列車に腰かけてから気がついた。あのポーターは私に対して、間違いのない確実なセールストークを使ったのだ。彼はチップを手に入れ、私は汽車に早く乗ることができた。両者とも利益を手に入れたのである。

しかしよく考えてみてほしい。もしこのポーターが私に近づいてきて、普通のポーターが言うように、「お荷物をお持ちしましょうか？」と言ったとしたら、私は即座に「ノー」と答えていただろう。そのほうが言いやすいからだ。実際、こんな小さなかばんを持って私のあとをついてくるポーターに用などなかったのだ。しかし彼は利口だった。長年多くの人々に接して、言葉とテクニックを使ってきた経験が、このポーターに人を「イエス」と言いやすくさせる最上のフレーズを教えたのである。

雑貨店の「必勝フレーズ」

ロングアイランドのとある雑貨店に一人の女性客が入ってきて「ラックスせっけんがあるか」と尋ねた。「ラックス」には大きいサイズと小さいサイズの二つがあった。

店主は、もしここで「大きいほうですか、小さいほうですか？」と聞いたら、お客様は「小さいのでいいわ、なくなったらまた来るから」と答えるに決まっているとよく分かっていた。もし彼女がそのせっけんを使い切ってしまったら、よその店へ行って買い物を済ませてしまうことだって十分あり得る。商売はできるときにしておくにかぎるのだ。そこで店主は、お客様が「イエス」と言いやすいようにこんなふうに答えた。

「奥様、**お徳用**でございますか？」

女性はこう言った。「そう、お徳用よ。いつもそれを使ってるわ」

女性客は、よくステーキ用の肉を一ポンド半（一ポンドは四五〇グラム）買う。多めに売るテクニックは、肉屋の場合も雑貨店のやり方と同じだ。私の見たところでは、多めに量った肉を女性客に買いやすくさせる二つのやり方がある。

肉屋はまず、ステーキ用の肉を一ポンド半ではなく二ポンド分切り取る。肉屋が女性に、いかにも言い訳がましく「これでは多いでしょうか？」と聞いたら、女性はおそらく「多いわ」と言うだろう。肉屋は半ポンド分の肉をけずり取らなければならない。あとで半ポンドの薄肉を売るのは難しいから、これは大変なことだ。

しかし、経験を積んだ肉屋は、余分に切り取ったり多目に量ったりしたときにはいつもこう言う。「四六セント分です。これで十分でしょうか？」

目方のことは言わないで値段を言う。そして次のような強力なフレーズをつけ加える。「これで十分でしょうか？」

こう言われると女性客の大部分は「ええ、それで結構よ」と答えるものである。

事務所を売る

私が新しい事務所を探してニューヨークの五番街に行ったときのことだ。不動産屋へ行って自分の希望を告げると、彼はいくつかの事務所に案内してくれた。そしてどんなときでも、私が「イエス」と言いやすいように仕向けてくるのだ。例えばこう尋ねてくる。「どうです、このハドソン川の眺めは？お気に召しましたか？」

どうして気に入らないことがあろうか。私は「気に入った」と答えた。彼はそれからこのビルの反対側にある別の事務所に私を連れて行き、また「景色が気に入ったか」と尋ねてきた。今度はイースト川とロングアイランドの景観である。私はまた「気に入った」と答えた。そして、だしぬけに彼はこう聞いてきた。「**どちらの**景色のほうが**お好きですか？**」

私はちょっと考えた。両方の景色を比較してみて「ロングアイランドの景色のほうが好きだ」と答えた。私の家もそこにあったし、寒い時期でも朝のうちに太陽が部屋にさしこむからだ。

「ではこの部屋にするといたしまして……」。彼は極めて巧みにこう切り出したが、これを聞いて私ははじめて、いまや契約する段階に至っている自分に気がついたのである（結局私は、ロングアイランドに面した部屋を借りたのだった）。

あなたも常に、あなたの質問、セールストーク、社交上の会話などを、相手が「イエス」と言いやすいように工夫できるはずである。

社交上の会話で相手に勝つには

友人同士の話の場合でも、相手の積極的な答えを得る方法がある。相手の反対意見を繰り返したあとで、こう尋ねるのである。「これがゴルフクラブに入らない**唯一**の理由ですか？」

相手はそうだと答える。彼はあなたに**同意した**のだ。あなたは相手が「イエス」と言いやすくしたのだ。もしあなたが、「そんな理由で入らないなんて、まったくくだらない」などと言っていたら、おそらく彼はこう答えただろう。「とんでもない。少なくとも私にとっては立派な理由ですよ」

「イエス」という返事を出しやすいように、言葉をひねることだ。

ビックリー社のセールスマンは、小売店を訪問してこう話しかける。

「バターと卵の売上が上がるようにお手伝いしたいのですが、いかがでしょうか？」

どんな不愛想な小売店でも、こう言われれば「イエス」と答えざるを得ないだろう。「わが社のバターと卵を置いてくださる決心はつきましたか?」と聞いても、たちどころに「ノー」という答えがはね返ってくるだけだ。

「ノー」という答えが欲しいときもある

お客様から「ノー」と言われるのを好むホテル経営者はほとんどいないだろう。だがサービスを改善するために、お客様に不快感を与えていないかどうかを探り出す必要もある。

私たちはスタットラーホテルの依頼を受けて、サービスを改善して、さらにお客様からの感触を良くするセールストークを開発するうちに「イエス」の答えを得られる質問を見つけ出した。こう言うのだ。「ご滞在について、ご満足いただけているかと存じますが?」

この積極的なフレーズは、多くのお客様から「イエス」という答えを引き出した。というのは、これは一種の誘導質問だったからである。私たちは「何もかもご満足いただいていらっしゃるでしょうか?」と言うよりもこう言ったほうがずっとよいと思ったのである。もし後者のように聞いていれば、ある人は不平を述べたてることもあり得たはずだ。

しかし、このフレーズは多くのお客様に対して「何もかも満足している」と答えることを強制しすぎているのではないかとすぐに気がついた。案外、彼らは苦情の種を心に残したままチェックアウトして、次の旅行には競争相手のホテルに泊まることにするかもしれない。

いくら注意していようと、どのホテルにも手落ちや不手際はひそんでいるものだ。それを見つけ出すことが必要だったのである。水道の栓から水がもれていたり、時計の音がうるさかったり、窓がガタガタ鳴ったり――こういったことは、気がつきさえすれば、お客様の迷惑にならないように、またいつでもお客様のごひいきを受けられるように、すぐに改善できることである。

そこで私たちは、次のようなフレーズをつくり、それをテストしてみた。このフレーズは、お客様に不満があればそれを言うように、なかったら「何もかも結構です」という返事になるように配慮されていた。次のようなものである。

「この部屋はお気に召しましたでしょうか?」「お食事はお気に召しましたでしょうか?」

極めて簡単なフレーズだ。これが非常に効果的だったのも、おそらくそのせいかもしれない。

はじめは、「この部屋はご満足いただけたでしょうか?」というフレーズで試してみたのだが、「ご満足いただけた」という言いまわしが、給仕たちには難しすぎたようだった。

このことは、人々に「イエス」と言わせる原則にも例外があることを示している。ときにはまじめな「ノー」が欲しいこともあるのだ。

人と良い関係を保とうと思ったら、特に、物を売り込むときや、社交的な会話をするときには、次のことを常に胸に刻んでおこう。

相手が「イエス」と言いやすくしろ。

「ノー」を防ぐ方法

相手から「ノー」と言われるのは、目の前に山が立ちふさがったようなものである。相手のプライドが目に見えない反対となって邪魔をする。相手の「組まれた腕」をほどかなければならない。

お客様を「再訪問」した場合、「この前の話はお考えいただけたでしょうか？」というフレーズを最初に口に出しやすい。

人間というものは、他人から言われて、特にセールスマンから言われて考えを変えるなどということはしたがらないものだ。相手は自分の主張を変えまいとする。いや、なかには考えを変える人たちもいるかもしれないが、その場合も、あくまで自分の意思で意見を変えたのだと思いたがる。

もしあなたが、お客様が「ノー」と言うことができるような質問でセールスを始めるなら、**不必要に**自分を不利な条件に置いている。こう言ったほうがずっとよい。「ジョーンズさん、この間ご相談申し上げましたが、問題は値段のことでございましたね？」

自分の主要な反対をズバリと言われたのだから、相手は「イエス」と言わざるを得ない。そこであなたは、相手の反対を繰り返して述べて、もう一度それを相手のほうに投げ返してやるのである。

そして、こう言う。「私はずっと値段のことを考えてまいりました。そして、こういう観点から考えられないか、ということに気がついたのです」。こう言って、**新しい**セールストークを始める。相手の関心は盛り上がる。そして、相手の「ノー」は次第に消えていくことになる。

人は「ノー」と言うのが好き

すでに何回も述べてきた、よく訓練されたビックリー社のバターと卵のセールスマンは、食料品店のお客様を訪問するのに、こんな質問は決して使わない。

「今日はバターと卵はご入り用でしょうか?」

彼らはお客様に「ノー」と言うチャンスを決して与えない。こんなふうに言うことによって「イエス」と言うムードをちゃんとつくっているのである。

「今週はバターと卵をどのくらい多くお届けいたしましょうか?」

これなら「イエス」の答えが返ってくる。

人は「ノー」と言うことを好む。「ノー」は「イエス」よりも言いやすいそうだ。それは私の研究所の者によると、「イエス」という言葉は言う人のことをいかにも意思が弱いように見せるが、人間というものは元来、強い意思を誇りたい気持ちを持っているからなのだそうだ。

「ノー」と言わせてはいけない

マーシャル・フィールド(シカゴに本店を置く高級百貨店創業者)は、セールスマンたちと取引を始めるときは必ず「ノー」ではなく「イエス」の返事になるような質問で始めたという。そうして彼は、まず相手の心の中を読み、それから取引に必要な予備知識を仕入れたのである。

エーミール・ルートヴィヒ（伝記小説で知られるドイツ出身の作家）は、ナポレオンについて、「彼がなしとげたことの半分は、言葉の力によってなされた」と述べている。

ナポレオンはピラミッドの前で兵士たちにこう言った。「兵士諸君、四千年の歴史が我々を見つめている！」（彼は「シズル」を売り込んだのだ）

彼は続けた。「私は諸君をこの世で最も肥沃《ひよく》な平野に連れていこう。そこに富裕なる都市、豊かなる州を見つけることだろう」

ナポレオンの言葉にはこういうものもある。「故郷に帰るとき、人々は『イタリア遠征軍の勇士だ』と諸君を讃えるだろう」

ナポレオンは適切なことを簡潔に表現する技術を知っていた。「兵士諸君、食糧は十分あるか？　戦争に満足しているか？」などという質問をして、部下に「ノー」と言うチャンスを与えるようなことは決してしなかった。

エルバート・ゲイリー（USスチール元社長）によれば、「普通の人はしゃべりすぎる。言葉を操ることの巧みな人ほど、よりそういった傾向がある」

話す場合には自分の分を守ろう。相手にもときどき話させよう。質問をしよう。相手にも話させる誘導質問をしよう。それも、否定的な反応を招かない質問をしよう。

覚えておくべき原則はこうだ。**相手に「ノー」と言わせるな。**

「またの機会に……」

人を説得しているときに、時間がきて中途でやめなければならないことがよくある。次回に話し合うことにして別れたり、セールスマンであれば「再訪問」が必要な場合である。

こういう場合、慎重な訪問者なら、話がそのまま切れてしまわないように、最初の訪問を終えて立ち去るときに、**自分から進んで**次のような言葉を残す。

「今日ご決定いただく必要はございません。急ぎませんから。今日はこれだけにいたしましょう。この次お目にかかったとき、またご意見をうかがわせていただきます」

これはなかなか巧妙なテクニックである。たとえどんな小さなことでも、取引を急かされることの好きな人はいないものだ。「考える」時間が欲しいのだ。

もしあなたが、その人に「考える」時間を与えた最初の人だったら、あなたはそれだけ点数をかせいだことになる。だから、もし延期がやむを得ないようなら、**率先して**面接の延期を申し出よう。

ねばるな

お客様のもとで、あまりねばってはいけない。あまりねばりすぎると、相手はいろいろと工夫して、あなたを締め出す計画や方法をつくりあげてしまうだろう。そうすると、再訪問のために再びお客様のところに行くこともできなくなってしまう。

私の知っている、ニューヨーク五番街に事務所を持っているある人物は、政治的な関係から、毎日たくさんの人に会わねばならなかった。彼はどの人にも約五分間の時間を与えた。五分を過ぎると秘書が現れて、「お約束の時間でございますが……」と告げる。

こう言われると、訪問客はたいてい早々に退散することになる。

劇場に古くから言い伝えられている次の格言を覚えておこう。――もっと見たいと思われている間にやめろ！

自動車のデモンストレーションには

もしあなたが自動車をだれかに売ろうとしているのなら、まず相手を素晴らしいドライブに連れ出すべきだ。自動車ではなく、ドライブを売るのだ。

もし彼が考える時間を欲しがっているようだったら、すかさずこう言う。

「スミスさん、どうかよくお考えください。私としても、これがあなたのお望みのタイプだと心底から確信なさったうえでなければ、買っていただきたいとは思いません。どうか奥様ともよくご相談してください。私は明日またおうかがいいたします」

このような態度が、不思議な働きをする。相手の信頼を得るだけでなく、ただちに気持ちを決めさせる結果ともなるのである。

次のような簡単な言葉の効果は高い。「急ぎませんから……」「どうぞごゆっくり……」「よくお考えください」

あなたは何とか売りつけようと一生懸命になるかもしれないが、一度あなたが自分の心の不安をさらしてしまえば、攻守ところを変えて、あなたは守勢に立たざるを得なくなる。そこが販売の難しいところだ。

「再訪問」の科学

再訪問の原則はいたって簡単だ。前回立ち去ったときに問題となっていたその箇所——普通は、相手から出された反対の核心——から始めるのである。

もし彼をひきとめているのが値段の問題だったら、その反対理由から取り上げて、こう言う。「前回このことについてご相談しましたとき、お気に入らない点は値段の点だけだとおっしゃいましたが、さようでございますね？」

まず相手に「イエス」と言わせることから始めるのだ。

これを、こんな質問から始めたら、常に否定的な返事しか得られないだろう。「お考え直しいただけたでしょうか？」「この前お目にかかってから、私の提案についてご熟考いただけたでしょうか？」

一〇万五〇〇〇のセールス用フレーズを分析し、一九〇〇万の人々にそれをテストした経験から断言してもよいが、再訪問を成功させるためには、**中心となる争点**から始めることだ。

例えば、こう言う。「この前私たちがビーバー通りのあの家についてお話をしましたとき、近所の人が好きになれないからとおっしゃいました。それが移りたくないという唯一の理由でございましたね？」

これは彼自身が言ったことだった。だから彼は、あなたに賛成することから始めることになったわけである。

さて、それからあなたは、相手が相当頑固にそのことにこだわっているのを見て、若干の調査をしてきた結果に基づいて、次のような新事実を挙げて彼の反対を切りくずそうと試みる。

「メキシコに金鉱を持っておられるバンダースプライスさんご一家が、近所に引っ越されるということをご存じですか？　百貨店を経営していらっしゃるブラウンさんのお嬢さんが、この間見た家の、通りを隔てた真向かいに住んでおられるのをご存じですか？　また、お客様のゴルフ友達のジムさんが、先週ご自身であの地区の発展ぶりを見にこられたことをご存じですか？」

もとより彼は、こういったことは夢にも知らなかった。彼は事の成り行きが変わってきたことを認めざるを得なかった。

そこであなたは、有名な**中心争点クローズ法**を使い、主要な反対を利用してクローズすることになる。

それは、あなたが出合うどんなセールスのクローズにも、どんな論争にも、仕事上のどんな議論にも、またどんな社交上の会話にも適用できる簡単な公式である。次のように言おう。

「お移りにならない**唯一の理由**は、近所の人々がご自分のようなタイプの人たちでないということだとおっしゃいましたね。そのとおりでございますね？　これが決めかねていらっしゃる唯一の理由だとしますと、その理由がもはやなくなったのですから、いかがでしょう、いつお移りになりますか？　来月の一日でしょうか、それとも十五日でしょうか？」

常にあなたが欲しいと思う答えが返ってくるような言葉を使おう。そうすれば、あなたは常に**主導権を握る**ことができる！

14 お客様の心をとらえるには

ある電気掃除機のセールスマンが、ジョーンズ夫人の家で一生懸命掃除をしていた。

じゅうたんから出たゴミは八つもの小山となって積まれていった。セールスマンには、夫人がじゅうたんから取り出されるゴミの山を見て次第にイライラし、きまり悪そうな顔になってきているのがよく分かった。

彼はできるだけ屈託のない調子でこう話しかけた。「奥さん、気になさることはありませんよ。この素晴らしい掃除機を使えばゴミがたくさん集まるのも不思議はありません。というのも、普通の掃除機では届かない、下に隠されたゴミを取る吸塵装置の特許《パテント》を持っているのはこの掃除機だけだからです。今朝もスミス夫人のお宅で一六杯ものゴミを取りました」

スミス夫人の家よりも八杯も少ないので、ジョーンズ夫人の気持ちは少し楽になったようだ。

セールスマンは夫人の子どもたちに注目した。彼はこう言って、子どもたちの健康に対する恐怖心に働きかけた。「奥さん、雨の日にはお子様はどこでお遊びになりますか?」

「もちろん家の中ですわ」。彼女はこの誘導質問にいぶかりながら答えた。

「それじゃ、ここが雨の日のお子さんたちの遊び場になるわけですね」。彼は、八つのゴミの山を指さしながらこう言った。

彼女はそれまで、このゴミの山が子どもたちの「雨の日の遊び場」であり、「室内砂場」だったことに気がついていなかったのだ！　こういった言葉こそ「爆弾発言」と言うべきである。ガーンと一発くらわせたのだ。

「地獄」――かつては世界で最も強力だった、恐怖心に訴える言葉

最近のことだ。バッファロー市のロータリークラブで話をしたあとで、ある高名な牧師が私に近づいてきて、こう語った。「私どもは、信者たちを日曜日に教会にやって来させるために『地獄』という言葉を使ってきましたが、今日ではこの言葉もあまり効果がなくなりました」

本当だろうか？「地獄」という言葉が古くさくなったのだ。かつては威力を発揮した呪いの言葉が、今では役に立たなくなったのだ！

私はビリー・サンデー（元大リーガーの伝道師。オーバーアクションの説教で人気を得た）が「地獄」という言葉を巧みに利用するのを、何回もこの目で見た。しかし今では、ビリー・サンデーのテクニックも、葉巻と山高帽のセールスマンとともに消えてしまった。

しかし、いまでも、子どもたちがお小遣いを手に映画に行くのをやめさせたり、お父さんをゴルフへ行く前に教会に立ち寄らせたりする恐怖の言葉がないわけではない。ある教会でこんな文句を書き出していたのを見たことがある。「あなたの罪、そしてそれに打ち勝つ方法」

その牧師は、自分がゴルフ場や、映画館のPR係や、自動車のセールスマンや、海水浴場の宣伝係と競争関係にあることを知っていたのだ。そして自分の言葉に気を配ったのだ！

年老いたまじない師

まじない師は、どこの街角ででも商売を始めることができる。そして三分以内にお客様の心をつかんでしまう。なぜそんなことができるのか？　彼が群衆に向かって叫ぶ言葉のせいである。それはあなたの耳をとらえ、彼がやっていることに、否応なくあなたの目を向けさせる言葉だ。一〇秒間の売り言葉だ。彼の誘導質問は次のようなものである。

「みなさんはときどき疲れを感じないかな？　もうダメだと思うことはないかな？　毎日午後四時には背骨が痛まないかな？　足が毎晩ひきつらないかな？　このビルのてっぺんにとまっている鳥が見えるかな？　九〇センチの塀を飛び越えられるかな？　もしこういうことができないなら、みなさん、ご遠慮なく前に進み出てくだされ。あなたの古い血に活力を与えるものをご覧に入れよう。あなたは、春の日のごとくなごやかに、山歩きをするときのごとく爽快に、海を渡るそよ風にあたったかのごとく新鮮になること請け合いじゃ」

まじない師は自分の欲しい答えをひき出すような誘導質問を使いながら、あなたの不安と欲望を利用しているのである。彼は、あなたの基本的購買動機①――自衛本能（X）に働きかけているのだ。

あなたは彼のにわかづくりの屋台の前に進み出る。全身が目と耳になっている。あなたはまだ疑っている――しかしそれも長くは続かない。やがて彼は言葉巧みにあなたの感情に働きかける。あたかもハープの奏者がその弦を奏でるように。彼の言葉はあらゆる「患者」、特に気の病いをわずらっている人の耳には音楽のように響くのである。

「早くよくなる」――薬局の最高の言葉

ピープルス、エコノミカル・カニンガム、ペンシルバニア・ドラッグストアといった、私たちが「必勝フレーズ」をつくった店に入ってみてほしい。そこであなたは、繰り返し使われている短い言葉に気がつくだろう。「早くよくなります」という言葉が、それだ。

おばあさんは背中が痛い。お父さんはウオノメに悩まされている。お母さんは頭痛だ。みんな薬局にやってくる。薬局の主人は処方の包みをそれぞれの前に置いて、手短にこう言う。「これならどなたも**早くよくなります**」

だれもがそれを買う。というのも「早くよくなる」ことこそだれもが最も望んでいることだからだ。今ではこの短い言葉の変形がいろんな形で使われているのを見るだろう。

例えばこうだ。「頭痛が**ピタリととまる**」「ウオノメが**ポロリととれる**」「胸やけが**すぐによくなる**」などなど。

早くよくなる！　というこの短い言葉が、あらゆる製薬会社と薬局に大きな利益をもたらしている。それは健康を取り戻したい欲望、普通の人のように暮らしたい欲望、健康や若さを失って髪が白くなり、シワが増え、胃酸過多になりはしないかという恐怖心といった、私たちの自衛本能に訴える言葉だからである。

しかし、この恐怖心に訴えるやり方は濫用しないことが肝心だ。そして「早くよくなります」と言うときには、**真心から**そう言うことが大切である。

つかみの秘訣

数年前、デトロイトのカニンガム・ドラッグストアのナット・シャピロが私たちの研究所にやってきた。中西部にまたがるその大チェーンでは、履き物の在庫をかかえすぎてしまったという。

「この製品をどうやって男女のお客様に勧めたらよいでしょうか?」というのが、彼の質問だった。

彼は五五個のアプローチ用フレーズを表にして持ってきていた。これらのフレーズを一つ一つテストしていき、最終的には次のような、巧妙で、直接的で、無害で、瞬時に注意をひくフレーズが選び出された。

「あなたはたくさんお歩きになりますか?」

これは一種の誘導質問である。これに対して二一人のうち九人までは「そうだ」と答えた。私たちはだれでも、自分は必要以上に歩いていると思っているものである。開口一番この質問をぶつけておいて、それからこのチェーンのセールスマンは次のように言う。

「このお履き物はとても楽なんです。なぜなら、たくさん歩く人のために特別につくってあるものですから……」

お客様は製品を取りあげて見る。この呼びかけは直接的だ。それは、お客様の自衛本能に向けられている。お客様の自然な抵抗をかわして、彼らの内部にある「心の財布」を巧みにくすぐるのである。最初の週だけで何百という履き物が売れた。ここでも、タイミングよく話された適切なフレーズの効果が現れたのである！

もしあなたが最初の呼びかけで人々の感情をゆさぶることができれば、彼らをあなたの軌道に引き込むことは簡単だ。

売りつくした歯ブラシ

数カ月前のことであるが、ブルーミングデールズ、エイブラハム&ストラウス、スターン・ブラザース、ウィリアム・テイラー、サックスなどの百貨店では、いずれも、お客様の関心を一〇秒でひきつけるように工夫された必勝フレーズを使ったおかげで、歯ブラシを売りつくしてしまった。

「今日は歯ブラシはいかがですか?」とか、「歯ブラシのご用はございませんか?」とか、「今日は特製のものがございます」などといったありきたりの表現では、すでに何の魅力もなくなっていた。歯ブラシを何本も買い込んでストックしておく人などめったにいない。これは「日用品」なのだから……。

ある日、これらの店の店員たちは、私のスタッフのインストラクターから、特別な教育を受けた。まず次のように言うのである。

「奥様は、これまでに**科学的**歯ブラシをお使いになったことがございますか？」

お客様は必ず「科学的歯ブラシとは何か」と聞くから、そうしたら、店員はくだんの歯ブラシを手にとって、こう答える。

「ブラシの毛が**歯の間を掃除する**ように植えてあるのです」

この「矢のような言葉」が、お客様の脳の中枢を見事に射ち抜いて、売上は増加した。

事実、一週間とたたないうちに歯ブラシのストックは完全に売り切れてしまった。これらの店の歴史が始まって以来のことだった。「必勝フレーズ」の威力を十分に示した一幕だ。ごく簡単な一つのフレーズが、歯ブラシ製造業者と小売業者のためにお客様の心をとらえ、同時にお客様に対しては、よりきれいな、よりよく磨かれた歯になる手伝いをしたのだ！

売り込む合い言葉

ある日、ワシントンのピープルス・ドラッグストアの薬剤師、ビーバーとギブスが私たちのところにやってきて「発汗を防ぐためにわきの下につける制汗剤《デオドラント》を男性にも使用させたい」という相談をもちかけてきた。もし男性にもそういう習慣ができれば、一夜にして新しいマーケットが開拓できるというわけである。

私たちは、それは簡単なことだ、と答えた。女性店員を訓練して、ドラッグストアにやってくるお客様に、デオドラントの利点を彼女らのご主人に教えるように勧めさせればよいと考えたのである。そうすれば家庭でのデオドラントの使用量はたちまち二倍になる。奥様たちは、これまでの二倍分買うようになるだろうという計算だった。

素晴らしい理屈だったが、結果はさんざんだった。

女性店員はデオドラントを買っていく女性にこう言って勧めてみた。「奥様、ご主人にもこの利点をお教えになったらいかがでしょう?」

お客様の反応はこうだった。「あら、私に主人がいるってどうして分かるの?」。もしくは、「なぜ主人にこれが必要だと思うのかしら?」

私たちはそこで、タバコ売り場でいくつかのアイデアを実験してみた。しかし、またしても困難にぶつかった。お客様がやってきてタバコを買い、店員が勧める。「デオドラントはいかがでしょうか?」

「いらんよ」とお客様は答える。「うちの妻はフリット(殺虫剤の商品名)を使ってるのでね」

デオドラントが何かすら知らないのだ! あとでそれと分かって、店員がなぜこんなものを勧めるのかとプリプリ怒るお客様もいた。

「男性用」化粧品

とうとう私たちは、タバコ売り場に「男性用」という小さな看板を立てた。そして、看板の前に、浮き輪印せっけんとデオドラントのビンとを並べておいた。浮き輪印せっけんによってデオドラントの効果を暗示させたつもりだ。というのも、男性たちは、浮き輪印せっけんを使ってシャワーを浴びているたくましい男性の広告を見慣れていたからである。彼らは本能的に売り場のビンも同じ目的に使うものだと感じとって、おずおずとビンを手に取って、「これは何ですか?」と尋ねる。

店員はすかさずこう答える。「汗かきな男性用の化粧品です」

この看板はタバコ売り場に来る一〇人のうちの四人の足を引きとめた。

ある日私たちは、この看板を「**活動的な**男性用」と変えてみた。すると今度は一〇人のうち六人の足を引きとめた。どの男性も――小さい男もやせた男も、貧乏な男も豊かな男も、自分こそは活動的な男性だと信じこんで、急いで売り場に近寄ってはビンを取りあげて「これは何ですか?」と聞くのだ。

これこそ、適切に選ばれた言葉は――売場の看板でさえも――強い力を発揮するという立派な証拠ではないだろうか!

あなたの製品のなかの「シズル」を探そう。あなたが売るあらゆるものに隠されている「角型洗濯ばさみ」を探そう。「地獄」を探そう。それから、ホイラーの公式第五条「吠え声に気をつけろ!」を思い出そう。

それがお客様の心をとらえる簡潔な公式である。

15

ワインを売るな、グラスの中の泡を売れ

話は前世紀の九〇年代にさかのぼる。団体客がスタットラーホテルのバーにぶらりとやってきた。口ひげをはやしたバーテンダーのジョーは、すばやく人々にほほ笑みを送り、親しげにこう言って話を始めた。「何にいたしましょうか?」

彼らは思い思いに飲み物を注文する。ジョーは極上のウイスキーのビンをカウンターに置いて、一人一人の前にグラスを配った。

さて、この場合、お客様にサービスするやり方には二種類ある。お客様自身に酒を注がせるか、またはバーテンダー自身が注ぐか。どちらがよりよいやり方だろうか? バーにとって、どちらがより儲かるやり方だろうか?

スタットラーホテルの進歩的な社長フランク・A・マッコーン氏は、あらゆるホテルの従業員によって使われるフレーズをより洗練させるための調査とともに、この問題についても研究した。その結果、人間の行動について、極めて興味深い一面が明らかになった。

自分で注がせろ

普通、酒ビンの中には、バーテンダーが注ぐ量にして約二二杯分の酒が入っている。バーテンダーはグラスになみなみと酒を注ぐし、お客様もそれを当然のことと思っている。

ところが、もしお客様に自分で自分のグラスに酒を注がせる場合には――こうするのが好きな酒飲みは多い――バーテンダーがやるようになみなみと注ぐのは極めて難しい。また、そんなことをするのは、はしたないともされている。他人の目から見るとケチに見えるのだ。だから、だれでもグラスの上から一インチの四分の一（一インチは二・五四センチ）ぐらいのところまで注いだら、それでやめてしまう。

ところが、ここがグラスのなかでも一番広い部分なのだ。このようにして一インチの四分の一ずつ二二杯について儲けたとすると、一杯につき四セントとしても、お金にして七五セントから一ドル二五セントの総額となる。ということは、お客様に自分で自分のグラスに酒を注がせることができれば、ホテルでは、一ビンについておおよそ一ドルの余分な儲けが入ってくるというわけだ。自分の家でこのテクニックを実践してみるか、どこかの酒場でやっているのを観察してみるといい。

もっとも、お客様が自分で酒を注ぐ場合、三本の指をグラスの上にかぶせて、酒が指の腹にくっつくまでなみなみと酒を注ぐ習慣の地方もあるから、そういうところでは、この「哲学」も役には立たない。

ホテルでの「あなたの原則」

あなたの名前は、あなたが最も心地よく感じるものである。それがまた、セールスマンに与えられた最も強力なセールス道具にもなる。

私たちは、スタットラーホテルの従業員が、お客様の名前をすばやく覚え、それを他の従業員に伝達する方法を見つけ出すために、たくさんの手伝いをしてきた。例えばこうである。受付係が、あなたが宿泊人名簿にサインするときにあなたの名前を読む。彼はさっそくこう言う。「ハドソン川が見渡せるすてきなお部屋がございます。**スミス様**。とても素晴らしい景色でございます」

するとそばに立っている荷物係のボーイがあなたの名前を知る。彼は、あなたの旅行かばんを受けとって、こう言う。「こちらでございます、**スミス様**」。それからエレベーターのところに行って、エレベーターボーイにこう言って、あなたの名前を知らせる。「よいお天気でございますね、**スミス様**」

エレベーターボーイがあなたの名前を知る。もし部屋係がいる場合には、荷物係はあなたの部屋の鍵を受け取るためにそこへ歩いていって、こう言う。「**スミス様**のお部屋、八〇八号の鍵をどうぞ」

部屋係があなたの名前を知る。このようにして、次から次へと、ホテルに入ってきたときから出て行くまで、「あなたの原則」が実行されるのである。なぜなら、あなたにとって、あなた自身の名前を聞くことほど大切なことはないからである。

泡のグラスを売る

スタットラーホテルの副社長J・L・ヘネシーは、ホテルチェーン全体の料理担当でもある。彼から依頼された仕事の一つに、お客様にワインを飲む優雅な方法を教えるために、人々がレストランで食事をするときの習慣を研究することがあった。

私たちは、ワインの注文がないのにはいろいろな理由があることを発見した。

まずウェイターは、お客様が席につくや否や、ただ機械的にワインのリストを渡すだけだった。お客様にしてみれば、ホテルのロビーの混雑の中をかきわけてレストランに着いたばかりで、まだ気が落ち着かない。周囲の雰囲気にもなじめないでいる。ワインのリストを見るどころではないのだ。

たとえリストに気が集中したとしても、今度は、自分の知らないワインを注文しやしないかと気が気でない。ワインリストにはフランス語で難しい名前がいっぱい書いてある。間違った発音をして、ウェイターに軽蔑されたくない。

たとえ発音を間違わないという自信はあっても、今度は、その場にふさわしくないワインを注文しやしないかと心配だ。それでまたワインを注文するのをためらってしまう。結局、リストを閉じて「ビールを」と言うのがおきまりのパターンである。

私たちは、ワインのリストをお客様に手渡さないで、そのかわりに「シャトー・タルボをお召し上がりになりませんか?」と言うようにウェイターたちを教育した。こうすればお客様は、正しい発音を聞き、ウェイターがその場に合ったワインを勧めていることも分かる。そこでお客様がワインを注文する。

このアイデアはとてもうまくいっていたのだが、あるとき一人の男性客が、シャトー・タルボを肉にかけるソースのことだと思い、ある女性客は、新しい名前のドレッシングだと勘違いしてしまった！

私たちはかまわずこのテストを続けたが、ここでもうひとつおもしろい発見をした。アメリカ人はブドウ酒を赤と白の色で区別するということである。彼らはよく、「イタリアのスパゲッティ屋で飲んだ赤ブドウ酒」とか、「あのレストランでクリスマスに出された白ブドウ酒」とか言うのである。

「赤になさいますか、白になさいますか？」

そこで今度は、お客様に向かって、「お肉とご一緒に赤ブドウ酒を召し上がりますか？」と聞くようにウェイターたちを教育した。もし白ブドウ酒がふさわしい場合だったら、こう言うのである。

「お魚とご一緒に白ブドウ酒になさいますか？」

それからこういうことも分かってきた。アメリカ人は、赤ブドウ酒の好きな人は、食べ物の種類やタイプにおかまいなく、赤ブドウ酒を飲む。ウェイターが白ブドウ酒が正しいということをほのめかしても、「このホテルには赤はないのか？」と聞き返すお客様もいるくらいである。

お客様が赤を飲むか白を飲むかを、どのように見分けたらよいだろうか？　私たちはホイラーの公式第四条「もしもと聞くな、どちらと聞け」を適用することにした。ウェイターにこう言わせたのである。

「お食事とご一緒に赤を召し上がりますか、白を召し上がりますか？」

お客様はどちらかを自由に選ぶことができた。このアプローチは大変うまくいっていたのだが、ボストンのスタットラーホテルの副支配人であるスタンブロとクッシングによれば、最近、あるお客様がこう聞かれて、「それは家でのことですか？」と問い返したそうである。

私たちはただちに「注文」という言葉をつけ加えた。この結果、ワインの売上は、お客様一人につき二セントから四セントに上昇した。「必勝フレーズ」は、今では次のようになっている。

「お食事とご一緒に赤ワインをご注文なさいますか、白ワインをご注文なさいますか？」

これが言葉の威力である。もっとも、適切に選ばれたものでなければならないが。

「初めての客」を見分ける方法

その人が「初めてのお客様」かどうかを知ることは、ホテルにとっては非常に大切である。もし初めてのお客様だったら、いろんなサービスを通じて、ホテルに親しませる必要がある。

私たちがスタットラーホテル人事担当役員のジョン・C・バーク氏から依頼された仕事のひとつに、ホテルを訪ねたお客様が初めてのお客様かどうかを判断するいい方法が知りたいというものがあった。

私たちは、バーク氏とニューヨークのペンシルバニアホテルのスタッフの協力を得て、この研究にとりかかった。まずテストとして、ボーイがお客様の旅行かばんを部屋に運ぶとき、こう言うように教育した。「ブラウン様、このホテルへは**初めて**でございますか？」

もしそうだったら、ボーイは部屋についているラジオをどう操作するか、冷えた水はどこにあるか、そのほかこのホテル特有の設備についてその使い方を説明する。もしお客様が、初めてではないと答えたら、そのお客様はおそらくよく知っているだろうから、このようなことをくどくど述べてお客様を煩わすようなことはしない。

実に見事なシステムのはずだったが、うまくいかなかった。最初の日に、一〇人のお客様がこう文句を言ってきた。「君たちはまだわしの顔を覚えないのかね。もう何年もこのホテルを使ってるのに。君たちがそういうつもりなら、わしはホテルを替えるよ」

そこで私たちは言い方をこう変えることにした。「最近お泊まりになりましたでしょうか?」

今度の必勝フレーズは、十分に効果をあげた。適切に選ばれた言葉は人々の適切な反応をもたらすということを証明したのである。あなたが話す場合でも同じことである。

ドアマンのテクニック

ホテルやレストランの正面にいるドアマンは、ホテルの王様だ。ドアマンは、メキシコの将軍のような服を着た、大柄な男性であるのが普通である。ホテルを訪れた人は当然彼を一番初めに見るわけだから、ドアマンによってホテルの第一印象が決定されるわけである。もしこの「一〇秒の男」が貧弱な印象だったら、ホテル全体に対するあなたの印象も弱まるだろう。

スタットラーホテルのドアマンを観察して研究したところ、いくつかの重要な結果が得られた。もしドアマンが、自動車から出ようとする女性客に手を貸そうとして、手のひらを上に向けて手を差しのべた場合、女性客がたまたま何かに足をとられてよろめいて、少しばかり強く彼女の手を握るということが起こり得るかもしれない。こういうことは女性客に不快な感じを与えることもある。だから、慣れたドアマンは決してそうはならないようにする。手のひらを下に向け、コブシをつくって、自動車の中に軽く手を差し出すのである。そうすると女性は自分の力でシートから立ち上がろうとする。偶然彼女の手を握る機会はないわけである。それからドアマンは荷物を数えてこう言う。「三個でございますね、奥様」

彼女はそうだとうなずくか、あるいは、座席の隅のほうにもう一つ小さい黒いかばんがありますよ、などと言うだろう。

タクシーの中に荷物を忘れてくるお客様は多い。しかしドアマンのちょっとした注意が荷物の紛失を少なくして、スタットラーホテルに貴重な貢献をしているのである。

あなたはどのタイプ？

人々から適切な反応を得るための適切なフレーズを選ぶひとつの秘訣は、あなたのフレーズをどの基本的動機（XYZ）に向けたらよいかを知ることだということは、すでに話した。ここでもひとつの例を見てみよう。

朝食を食べにスタットラーホテルのレストランに入ってくる人々を観察することによって、ウェイターに世話をやかせて朝食をとるアメリカ人には三タイプいることが分かった。

第一のタイプは、食欲のない人たちである。こういう人々には、良いウェイターから描写的なフレーズを使って彼らの胃袋を刺激する必要がある。例えば次のように言う。「よく冷えたトマトジュースを一杯いかがでしょうか、レモンをちょっと添えまして……」

朝食をとりにくる人の第二のタイプは、「寝起きの悪い人」である。このような人は、荒々しくレストランに入ってくる。一晩中寝つけなかったか、消化不良に苦しんでいたか、ヒゲをそるときにカミソリで傷をつけたのかもしれない。慣れたウェイターは、こういう人には決して声をかけない。おはようございますとも言わない。言ったとしても、ごく控え目に言うだけである。そのかわり、大急ぎでパンとバターを持っていくのだ。というのは、口の中にパンが入っていては、いかにこのような人でも、文句を言うのが難しいからである。

第三のタイプは、おなじみのものである。飛ぶようにしてレストランにやってくる。ネクタイは曲がったまま、帽子はひょいとウェイターに投げるようにして渡す。いつも予約の時間に遅れ、いつもせかせかと急いでいる。三分でできる卵焼きを二分で作ってくれと言う。ウェイターはよく分かっているので「そんな離れわざはできません」などとは決して言わない。そのかわりに大きな動作で、急いだ身振りをする。こうするとお客様は、敏速なサービスをしてくれているのだと満足するのである。

もう一度、XYZの三つの基本的感情を研究しよう。それから、あなたの言うことをその標的に向けるのである。このことは、多数の人々に向けて、でしゃばらないサービスをする仕事に従事している人にとっては特に必要なことである。

おいしいバターを乗せたベイクドポテト

「ステーキを売るな、シズルを売れ」。お客様によだれをたらさせるのは、シズルであって、牛ではない。ポテトを売るのではなく、おいしそうにとけたバターを乗せたアイダホポテトを売るのだ。期待に目を輝かさせるのは、シャンパンの泡だ。

最近のことだ。ニューヨークのペンシルバニアホテルにあるカフェ・ルージュで、描写的な必勝フレーズを使って、「シェフのおすすめ料理」をわずか二時間の間に全部売りつくしてしまった。例えば、魚はただの「焼き魚」といわないで、「ベイクドフィッシュ・バックベイ風」と呼ばれる。シチューも普通のシチューではなくて、「ビーフパイアラモード」と名づけられる。

「マティーニになさいますか、マンハッタンになさいますか?」というセールストークは、スタットラーホテルの全チェーンで、この二種類の飲み物の売上を増大した。

昔のバーテンダーがよく使った、「何になさいますか?」というアプローチに比べれば、どうみてもこちらのほうがよい。

「気を入れて聞く」

私は、自分がなぜストローベルおじいちゃんと一緒にいるのがそんなに好きなのか、いつも不思議に思っていた。おじいちゃんは、何時間もじっと座って、嫌な様子など少しも見せずに、私がいろいろなことを話すのを聞いてくれるのだった。

人々の中には、特に会社の苦情処理係には、相手に話したいだけのことを話させる、このコツを心得ている人がいる。

私たちは「ユー能力」を駆使しながら、他人を説きふせにかかるきらいがある。相手もまた、私たちの言うことを聞いてくれているように見える。しかし、その人たちの目をじっと見ていれば、彼らの関心はうわべだけのつくりものであり、本当の気持ちははるかかなたに飛んでいることがすぐ分かる。

こういう人々は、いわゆる「イエスマン」と同じである。彼らは、「イエス」「おもしろいね」「いいわ」「あら、そうなの?」「それで、どうお考えですか?」などと適当に相づちを打つが、買ったためしはないのである。彼らは人に話させる技術を心得ているのだ。しかし私たちは、こういったプロのやり方もどうやら分かってきた。そして、二度と彼らのワナにはまらないように用心するようになってきている。

ストローベルおじいちゃんはやり方を心得ていた

しかしストローベルおじいちゃんは違った。彼は心から聞いていた。特におばあちゃんが話すときはそうだった。私はいつも、おじいちゃんがゆったりといすに腰かけて、パイプをくゆらしながら、相手の話を聞き、相づちを打ち、新しい友人の輪を広げていくことに感心したものである。

ある日私は、道を行く通りすがりの人の話を偶然聞いて、なるほどと思った。こう言っていたのである。「彼は『気を入れて聞く』習慣を持っているんだよ。お分かりかな？」

私にはその意味がよく分かった。おじいちゃんは「気を入れて聞く人」だったのだ。

こういうタイプのセールスマンがいる。あなたが何か言うたびに身体を乗り出し、熱心になって聞こうとする。適当なときにうなずいたり、ほほ笑んだりしながら、いつでもあなたについてまわる。彼は「気を入れて聞く人」だ。それが、人々が自分のしているいろんなことをおじいちゃんに向かって話し、またあらゆる悩みごとをおじいちゃんに言いたがる理由である。

「気を入れて聞く」ことは、セールスマンが身につけるべき素晴らしい技術である。やはり私も、私が言うことを「よく聞いてくれる」セールスマンが好きだ。

だから、もし私の言うことが分かってもらえたなら、またストローベルおじいちゃんから私が学んだことが分かってもらえたなら――セールスの勝率を上げる一つの方法は、「気を入れて聞く」ことにある、ということが理解してもらえたはずだ。それは、社会的にも、仕事のうえでも、成功するために守るべき健全な原則である。あなたがホテルやレストランの経営者、苦情処理係などだったら、特にこのことを忘れないでほしい。

「気を入れて聞け！」

16

イワシ《サーディン》を売るな、宙返りを売れ

数年前のことだ。私はクリーブランドのロータリークラブで「言葉の魔術」という題の講演をした。開口一番、聴衆がデザートのことなど忘れてフォークをガチャつかせるのもやめてしまうくらい、彼らの注意をひきつける一〇秒間の注意をひく言葉をぶつけるのが、私のいつものやり方である。私はたいていこう言う。

「何が人々にものを買わせるのでしょうか?」

「みなさんは、目玉をギラギラ光らせたたくさんの竜の模様のついた派手な赤色のネクタイを買ってしまって、あとからこうつぶやいた経験はありませんか? ちぇっ、何てことだ。あの店員め、いったいどうやってこんなものを買わせたんだ!」

ところが、その日はたまたまクリーブランド・ロータリークラブの会長であるハリス・シムスがちょうどそんな感じのネクタイをしていたので、聴衆はどっと笑い出してしまい、シムス氏は何やら真剣に考えこみ始めた。彼はクリーブランドにある高級品を扱う百貨店チェーン、チャンドラー&ラッドの社長でもあった。彼は講演が終わると、私を事務所に呼んで、いくつかの問題を解決するように依頼した。その中に、「高級なサーディンを売るアイデアの考案」が含まれていた。

ひっくり返されたサーディンの缶

私はそこに来るお客様を分析してみたが、世界中どこにでもいるお客様と変わりがなかった。ラッドのサーディンを見せられて、値段が二五セントだと聞くと、彼らはこう言うのだった。「ほかの店の一〇セントのものと、おたくの二五セントのものとはどこが違うんですか？」

ラッドの店員は、自分のところのサーディンのほうが良いのだということを女性たちに納得できるように説明しようとしたが、うまくいかなかった。

私は両方の品を分析し、長さを測り、いくつ入っているかも数えてみた。たしかにラッドのサーディンはわずかに味が良かった。しかし、この味の違いを手短にお客様に分からせることは難しかった。

ある日、私は、店員が棚の上のたくさんのサーディン缶をひっくり返しているのに気がついた。理由を聞いてみると、こうやって缶の底に沈んでいるオイルを動かしてサーディンにしみこませ、缶の中で乾いてしまうのを防ぐのだという。缶の中でオリーブオイルによく漬かったサーディンは、味も見た目もよくなるし、食べた人にそれだけ喜んでもらえるということを、店員は要領よく説明してくれた。

これは素晴らしいセールスアイデアではないか。だが、この忙しい店でそのことを一〇秒で話すには、どうしたらよいだろうか？

宙返りを売る

とうとう必勝フレーズが見つかった。店員にはこう言うように教えこんだ。「ラッドのサーディン缶は、月に一度宙返りさせられています」

この簡単なセールストークは、お客様の好奇心を刺激した。お客様は、サーディン缶がなぜ宙返りをさせられるのかと尋ねる。すると店員はその理由をおもしろく語って聞かせる、というわけである。

詳しく話を聞いた奥様方は食欲を刺激される。そして、それを買うことになる。ご主人がいつものように、食べ物の値段が高いことをぶつぶつ言うと、妻は「月に一回宙返りをさせられる」サーディンの話をとくとくと話して聞かせるだろう。

彼女はご主人に、サーディンそのものではなく、宙返りを売り込んでいるのだ！ ご主人もそれにつられて、そのサーディンが本当に一五セント高いだけの味があるように思えてくる。

そして、チャンドラー&ラッドの歴史が始まって以来、この高価なサーディンが二週間で在庫をすっかり売りつくしてしまったのである。新記録だった。

標語——あなたの商品の中に隠されている**宙返り**を探し出せ！

合成《イミテーション》のバニラを売る

イミテーションのバニラを使ったケーキで、ご主人の機嫌を損ねたいと考える女性は、まずいないだろう。イミテーションのほうが、本物よりも八セントも安いのだが……。

イミテーションだからといって決して粗悪なわけではない。実際、オハイオにある食料品チェーンのクロジャースでは、あるブランドのイミテーションバニラをたくさん仕入れた。だが、やはり売れなくて困っていた。

クリーブランド・ニュース社の副社長チャールズ・マッカヒルは、クロジャースに競争紙をやめて自分のところの新聞で広告を出すように働きかけていた。最後のひと押しに、イミテーションバニラや、その他の動きの悪い商品を売る「必勝フレーズ」を作り出すために、私たちの研究所を使うことを勧めた。

商品の長い長い研究と、売り場での実際のテストに失格した何百という言葉やテクニックを吟味したあとで、私たちは今回も、品物をお客様の手にとらせる原則を採用することにした。これは過去に二一倍も早く売った実績を持つものだった。

この大チェーンの店員たちはこう教えこまれた。女性客がひととおり買い物をすませたら、イミテーションバニラのビンの栓をとり、まず**自分で匂いを嗅いでみてから**、ビンをお客様のほうに差し出してこう言うのである。

「おいしいバニラの香りがしませんか?」

女性客は、イミテーションの常として本物よりもよく見える、強いバニラの芳香を持つイミテーションバニラの匂いを嗅ごうとする(猿マネ本能だ)。お客様はおいしそうな、強い匂いに気がつく。そして、ラベルに書いてあるイミテーションバニラという文字を読んでみて、自分の目を疑う。それから、本物のバニラよりも八セントも安いことを知って、急いで買っていく。

お客様は、非常に巧妙に、イミテーションバニラを持つことによる利益を教えられた（A）。匂いを嗅ぐことがその立証だった（B）。

私たちの記録によれば、これによってクロジャースはイミテーションバニラの売上を一〇パーセント増やし、クリーブランド・ニュースはクロジャースの広告を取ることができたのである。

わずか数語の簡単なフレーズの素晴らしい成果だ！

寒冷地産のポテト

チャンドラー＆ラッドでは、「値段の違いの理由」を聞くお客様に対して次のような簡単なフレーズを使うことによって、ポテトサラダの売上を増やした。

「これは寒冷地産のポテトでつくったものです！」

そして、さらにこうつけ加える。「ラッドのポテトは、アメリカでも最も寒い地方であるメイン州産でございます。あの地方は気温が低いため、ポテトの身がひきしまるのです」

フィラデルフィア産のオーツ麦の売上は、店員に次のような簡単な呼びかけをさせることによって、一〇パーセントも上昇した。

「奥様、最近オートミールを召し上がりましたか？」

フィラデルフィア産のオーツ麦を買うことを思い出させるためのこの巧妙な呼びかけは、とても簡単なフレーズだ。だが多くの効果的なフレーズの例にもれず、簡単だからこそ、より強力な効果を発揮したのである。

飾りたてた言葉は、商品にではなく、言葉そのものやそれを話す人に注意を向けさせてしまう。ことさらにつくられた言葉は、あなたを楽しませるかもしれないが、あなたに買わせることはまれである。単純な人ほど偉大になる。偉大なセールストークもまたシンプルなものだ。大きなことばかり言っているセールスマンは、お客様をおどして追い払ってしまう。

単純な表現のほうが人々に早く売る！　あなたのセールスカバンのなかに隠されている、単純なシズルを探し出そう。

命を救った短い言葉

司祭も牧師も、一〇〇人以上の消防士や警官も、自殺しようとする一人の男性に命を「売り込む」ことはできないが、たった三語の短い言葉がそれを思いとどまらせた。――これは、新聞の一面トップ記事となった！

ある製造業の男性が、妻とのゴタゴタから、ニューヨークホテルの屋根にのぼり一八階から飛び降りて自殺しようとした。

彼は幅二三センチの出っ張りの上に出て、そこから下の街路めがけて飛び降りるため、屋根の柵を乗り越えようとしているときに発見された。ホテルの秘書が金切声をあげたので、男性は一瞬ためらった。

　ホテルの従業員たちは屋根にかけのぼり、飛び降りないように声をかけたが、男性は二三センチの出っ張りのほうへジリジリと動いていった。魂はもうどこかへ飛んでいたのだ。
　事件記録によれば、この男性を自殺から思いとどまらせようとした八〇分の屋上劇の間に、多くの人によって次のような会話や呼びかけが行なわれた。

司祭　自殺するのはあなたの宗教に反することですぞ！
牧師　友よ、あとで悔やむようなことをしてはいけません！
医者　飛び降りたらひどいけがをするよ！
消防士　飛び降りるな、引き返せ、おっこちるぞ！
警官　危険だ、そこから立ち去れ！

　自衛本能への呼びかけも、宗教も何の役にも立たず、飛び降りる構えを見せながらジリジリと出っ張りのほうへ近づいていくのを見て、その場に居合わせた、わが販売用語研究所の副所長ダイアン・グレガル女史は、こう呼びかけた。

「コーヒーをお持ちしましょうか？」
「ワインはいかが？」

このような、人間的ないたわりの呼びかけは役に立たなかった。男性がまさに飛び降りようとしているのを見たグレガル女史は、今度は男性の虚栄心に訴えはじめた！

「そんなところにいると、出っ張りにとまっているおバカさんみたいよ！」

「そんなとんでもないところにいるのを奥さんに見られたら、どうします！」

「あなたがさらしものになっているのを奥さんに見られないうちに、今すぐ降りていらっしゃい！」

多くの見物人がびっくりしたのは、この男性は、**おバカさん**、**とんでもない**、**さらしもの**という言葉を聞くやいなや、身づくろいをし、帽子をかぶり直し始めたのである。彼は、ほかの呼びかけには堪えることができたのだが、「おバカさん」のようだという呼びかけには、特に、奥さんにそう思われることには我慢できなかったのである。

危険な出っ張りにいた彼は、安全なところまでおとなしく歩いていった。

17

ガソリンを一〇〇万ガロン売った短いフレーズ

私の父親は、ニューヨーク州ロチェスターのハイランド公園の近くでガソリンスタンドを経営していた。私は、土曜日と日曜日にはガソリンを売る手伝いをすることになっていた。ある日、スタンダードオイルのガソリンセールスマンがやってきて、こう尋ねてきた。「車を運転している人にガソリンを売るとき、あなたは何と言いますか?」

私は特定のフレーズを使っていなかったので、こう答えた。「ときには『五ガロン(一ガロン約四リットル)ですか、一〇ガロンですか』と聞きますし、またときには『今日はおいくら?』と言います」

セールスマンはこう言った。「今度来た人にはこう言ってみるといいですよ。『満タンにいたしましょうか?』」

このフレーズを使ってみたところ、相手は「タンクいっぱいに入れてくれ」と答えた。私はいつもの五ガロンか一〇ガロンのかわりに一五ガロン売ったのである。

タンクいっぱいに売る、素晴らしい方法ではないか! このセールストークは見事に効果を上げたのだった。そして一二年後の今でも、効果を上げ続けている。

テキサスオイルのための最近の実験

最近、ポカホンタスオイルとテキサスオイルの両社の依頼で、ドライバーたちがもっとたくさんガソリンやオイルを買うようになる新しいフレーズとテクニックを見つけるための調査を行った。

人間には、注意が必要な事柄もつい放っておく悪いくせがある。グリーシングが必要な車でも、機敏なスタンドの従業員が巧みにそれと悟らせるまでは、決してグリースを買おうとはしないものである。

販売現場における私たちの調査はたくさんの興味深い事実を明らかにした。まず第一に、私の**十八番**《おはこ》の「満タンにいたしましょうか?」はもはや通用しなかった。というのは、ご存じのように、今の市場には二〇ガロンタンクを持っている古い車が多すぎるのだ。昔は金持ちが大型車を持ち、貧乏人は小型車を持ったものである。現在では、貧乏人も、金持ちが持っていた車を中古で買って、それを立派に役立てている。

だから次のようなケースがいくつも起こる。

トニー・パスカルが五〇ドルで中古車を買った。彼はこの車でガールフレンドの家まで行き、彼女をドライブに連れ出そうと考えている。そしてガソリンスタンドにやってくる。彼にあるのは二ドルの現金と、ガールフレンドと、二〇ガロンタンクだけだ。そこにスタンドの従業員が「満タンにいたしましょうか?」と聞いてくる。

トニーは困ってしまう。彼は「頼むよ」とは言うが、車のわきからこっそりと三本指を出す。それが彼が本当に欲しい量だというわけだ。

「満タンにいたしましょうか?」は改めなければならない。事実、私たちが最近新しく考え出した必勝フレーズは、それが一〇〇万ガロンのガソリンを売った昔の有名なセールストークにも劣らない効力をもっていることを実証している。

「オイルはどれほどにいたしましょうか?」

「どれほどにいたしましょうか」式のセールスマンは、オイルを少ししか売れない。こういう連中は、厚かましく、「オイルを調べましょうか?」などと言ってあなたを悩ませる。私たちが克服しようとしている高圧的セールスマンのたぐいだ。

ある日、テキサス社の副社長H・W・ドッジが、クライスラービルにある自分の会社に私を呼んで、新製品のテキサスオイルが間もなく市場に売り出されることと、四万五〇〇〇のディーラーのために、この新しいオイルを使うようにドライバーに勧めるセールストークをつくらねばならないと語った。ドッジは、新製品を効果的かつ劇的に描写するはっきりしたフレーズを使わなければ、せっかくの新製品も世間の目にふれないまま見逃がされてしまうのではないかと心配したのである。それから、アメリカのドライバーの習慣についての研究が始められた。

まず彼らは、不況時代から始まった習慣として、考える前にいきなり「ノー」と言うようになっていることが分かった。オイルが必要かと聞けば、「ノー」という答えがはね返ってくる。新しいテキサスオイルを知っているかと聞けば、「ノー。興味ない。とにかくガソリン五ガロンください」と答える。

スタンドでガソリンを補給しているドライバーに数々のやり方でアプローチした結果、新製品のテキサスオイルを売るためには次のフレーズが最良であることが分かった（たぶん、あなたも言われたことがあるだろう）。

「オイルは適量なだけ入っているでしょうか？」

この簡単なフレーズが、一週間のうちに、四万五〇〇〇のテキサス社のディーラーによって、総計四八万五〇〇〇人のドライバーに対して使われ、二五万の車にオイルを売ることに成功した。テキサス社のディーラーたちは、一週間のうちに二五万の**隠れた需要を引き出した**のである。

チャンスの五八パーセントをものにできたのは、一〇秒間の注意をひくフレーズだった。「ノー」という返事を巧みに利用した結果である。それは「ノー」を引き出したが、この場合の「ノー」は、実は「イエス」を意味していた。例の恐怖心へのアピールである。

「右前のタイヤが……」

もしあなたがほかの大部分の人たちと同じなら、だれか気の利いたスタンドの従業員があなたを襲うかもしれない危険を注意してくれないかぎり、文字どおりタイヤが抜け落ちるまで、取り換えもしないで車を走らせ続けようとするだろう。これはテスト済みの事実だ。

スタンドの従業員は、あなたの車にはい上がってフロントガラスをふいてくれる。そうしながら、お天気の話や世間話をさりげなく話しかけ、それから車の前方にまわって水の補充をチェックしながら、タイヤをのぞきこむ。タイヤの一つが磨滅しているかもしれない。彼はこう話しかける。

「お客様、右前のタイヤがひどく傷んでいます。ちょっとこのキズをご覧ください」

彼はあなたをシートから「キズが見える」場所まで引っぱり出す。そこは話し合いに格好の場所だ。商談はすでに軌道に乗っている。見込みのあるビジネス拡大のチャンスだ。彼は**あなた**のタイヤに注目する——同時に**自分の**言葉にも気をつける。

すりきれたワイパー

車のフロントガラスについているワイパーは靴のヒモと同じだ。とりかえるまで、いつまでもすり切れたままで放っておかれる。とりかえるように勧めるのは、たいてい、あなたに売りつけようとしている抜け目のないセールスマンである。彼はかばんの中に手ごろなワイパーを入れている。どんな販売でも、お客様の手に品物を渡すことができたら二一倍早く片がつくと言われている。彼のやり方も同じだ。

「どれほどにいたしましょうか」式のセールスマンとは違って、彼はこう言うのである。

「どうぞ、このワイパーの三重になっているエッジにさわってみてください」

あなたは言われたとおりにする。ワイパーはあなたの手にある。それから彼はあなたに、三枚のエッジのついたワイパーから受けられる利益と利点を説明するのだ（A）。経験によれば、この簡単なフレーズが一五人のうちの三人のお客様にワイパーを売った。雨の日はもっと多いという！

すべては**どのように言うか**にかかっているのだ。セールストークは常に値札よりも強力である！

拝啓　トム・スミス様

もしあなたが毎週二ドル五〇セントという少額を節約することができますなら、あなたは一生安心を保証されます。それがおできにならないと言うのでしたら、あなたは途方もない**いくじなし**です。

敬具

ジョーンズ保険会社
ジョナサン・ジョーンズ

手紙の場合の「必勝フレーズ」

上の手紙は、冗談のように見えるが、ダイレクトメールのコピーとしてはもっとも成功したものの一つである。

これはダイレクトメール協会の秘書をやっているヘンリー・ホークが私に見せてくれたものだ。

この手紙は次の事実を立証している。――ダイレクトメールにおいても、確実な「シズル」を取り出して、それを買うことが利益であることをはっきりさせるか、手に入れられる成果を明らかにすることが大切なのだ。

サーディンはサーディンにすぎない。しかし「月に一度ひっくり返して油をしみこませたサーディン」と言うことによって、女性客の関心を得られるのである。

英国の百貨店王、H・ゴードン・セルフリッジの言葉

B・C・フォーブス（フォーブス誌を設立した金融ジャーナリスト）によれば、かつてH・ゴードン・セルフリッジは次のようなことを言ったそうである。この言葉は私の大好きな言葉だ。これもまた、人々——あなたの雇い主、使用人、家族、お客様など——とうまくやっていこうと思ったら、言葉を選ばなければならないということを教えてくれる。セルフリッジの言葉は次のようなものだ。

●ボスは部下を駆りたてるが、指導者は彼らを教える。
●ボスは権威に頼り、指導者は善意に頼る。
●ボスは恐怖を吹きこむが、指導者は熱意を吹きこむ。
●ボスは「私」と言う。指導者は「私たち」と言う。
●ボスは「時間どおりに来い」と言う。指導者はみずから時間前にやってくる。
●ボスは失敗の責任だけをうんぬんするが、指導者は黙って失敗を処理する。
●やり方を知っているのはボスだ。やり方を教えてやるのは指導者だ。
●ボスは仕事を苦役に変えるが、指導者はそれをゲームに変える。
●ボスは「やれ」と言う。指導者は「やろう」と言う。

ニューヨークのブルーミングデールズ百貨店では、春の売り出しのときに、お客様に家具磨き剤のビ

ンを見せながらこう言うことによって、売上を二倍に向上させた。

「これをお使いになると、ひと拭きできれいになります」

店員は、磨くことではなく「ひと拭き」を売り込んだのである。

そしてこれに追い打ちをかける「必勝フレーズ」が続く。

「お掃除の疲れが半分以下です」

「お掃除の手間が半分ですみます」

売り場には次のようなポスターが貼られた。

春の大掃除がやってきました
家具磨きを今すぐお求めください

言葉で売る技術がある。それは**牛を売らないで「シズル」を売る方法**をほんの少し勉強することによって、**簡単に身につけられる**ものである。

18

「お尻がテカテカしたズボン」のようなフレーズを使うな

私はミルクセーキ（牛乳に砂糖やバニラエッセンスを混ぜて作る）を飲みによく店に行く。もしその店員がその中にオプションで卵を入れさせることができたら、店は私から五セント多く取り、私は大好きな濃厚ドリンクを飲めたはずだ。だがこれが「ブカブカのズボン」と「ダブダブのフレーズ」を使う店員だったら、誘導質問をするという立派な原則を忘れて、（彼らがよくそうするように）おっとりと次のように言うだろう。

「卵をお入れになりますか?」

私はいつもの習慣で、すぐさま「ノー」と答える。

ところがある日、ほかの店でミルクセーキを注文すると、店員は両方の手に卵を持ってこう聞いてきた。

「今日は**一つに**なさいますか、**二つに**なさいますか?」（ホイラーの公式第四条だ）

私は二個の卵を見た。この質問に対して「ノー」と言うのは難しかった。「ノー」では答えにならないからである。店員は「一つか、二つか」と聞いているのだ。「いるか、いらないか」と聞いているのではない。

すぐに私は答えた。「いや、一個でいいよ」

私は卵を手に入れ、店は五セント余計に手に入れた。

屋敷の中の犬の扱い方

電気掃除機のセールスマンは、かばんを下げてズボンをテカテカさせているセールスマンには、犬がすばやく走り寄ってくるということをよく知っている。彼はまた、お尻がテカテカしたズボンのような言葉では、犬から逃げるのに役立たないことも知っている。

だから彼は、まず近所の子どもに犬の名前を聞いておくのだ。そういう準備をしたうえで、用心深く門をあけ、犬の名前を呼んでお愛想をふりまく。「おや、バッジ。こんにちは、バッジ。いいお天気だね、バッジ。奥様はいらっしゃるかな、バッジ?」

犬のバッジは、親しみ深い自分の名前を呼ばれるのを聞いて、こう思うだろう。「こいつはたぶん前に来たことがあるやつだな。おれの名前を知ってるようだし。まあいいや、玄関まで通してやろう」

これが犬の難を逃れるテスト済みの方法である。もし自分で試してみたかったら、犬を飼ってる家に入るときに、犬の名前を呼んで、それが犬の吠え声をなだめる様子を観察してみるとよい。

一〇秒間の外観

よくお分かりだと思うが、あなたの外見と同じようにあなたの言葉を飾りたてれば、人々はあなたの願いに対してより早く、より好意的に反応するだろう。そう、お尻の破れたズボンをはいた人よりも、夜会服を着た人に対して人は好意的になるのと同じことだ。

電気掃除機のセールスマンはよく知っている。もし彼が足をひきずるようにして玄関に行ったりすれば、奥様はそれを見て、こうひとりごとを言うかもしれない。「うちの玄関で一服しようとして、またくたびれたセールスマンがやってきたわ。さっさと追っ払ってしまわなきゃ……」

彼はまたこういうことも知っている。ドアのベルを押すには一種のコツがあって、勢いよく押せば、よれよれのズボンをはいた、ものおじした物乞いがするように弱々しく押すときよりも、奥様から早い反応が得られる。女性というものは、玄関で何が起こっているのかを、ベルの響きから本能的に察知するものである。ちょうどあなたが、日曜日のドライブのときにクラクションの音で後ろの車の男性の精神状態が分かるようなものだ。

慣れた戸別訪問のセールスマンは、さらにまた次のようなことも知っている。家を訪問したなら、ちょっとだけドアを開けてから、「いりません」とぴしゃりと閉められないようにドアのわきに立つことである。ドアのわきに立っていれば、玄関に来た人がだれなのかを確かめるには、ドアを広く開かなければならない。そこにセールスマンが最上の「必勝のほほ笑み」と最強の「必勝フレーズ」を用意して待っているというわけだ。このようなときにフーバー電気掃除機のセールスマンがよく使う言葉の一つは、次のようなものである。

「お掃除の時間を**短縮する**方法をお知らせしようと思って伺いました」

また、アーサー・フッドによって訓練されたジョンズ・マンビル社のセールスマンが使う、とっかかりの言葉は、玄関で奥さんにパンフレットを渡しておいて、こう言うことである。

「これが家を改良する一〇一の方法について書かれた無料パンフレットです」

これらの言葉には、テカテカしたところもないし、よれよれになったところもない。いずれもすでに**テスト済み**のものである。また、それだからこそ、お客様の頭がドアのところに突然現れても、すらすらと口に出るのである。

フレーズにプレスをかけろ

例えば、フーバー電気掃除機のセールスマンは、新型の掃除機にとりつけられたライトを見せるとき、「素晴らしいライトですよね、奥様」などとは言わない。これでは劇的な要素はどこにもない。こう言う。「これがわが社で開発したゴミ発見装置です。これが、**掃除しなければならない場所を見つけ出します**。そして、掃除しなければならないところは、あますところなくきれいにしてしまいます」

あるいはまた、新型に使われているグレーの色を説明するとき、「いい色だと思いませんか、奥様。ねずみ色です」などとは言わない。そのかわりに、こういう表現を使う。「成層圏の色です」「成層圏」というフレーズから、スピードと明るさを連想させるのである。

優れたセールスマンはだれでも、売り場でも、玄関先でも、ショールームでも、電話でも、チャンスのブラスリングをつかむために使う三分間のセールストークをいろいろ準備している。そして、お客様を飽きさせない。

このような年季の入ったセールスマンは、どんなものを説明する場合でも、明るい、興味をもたせる、元気のよい、劇的なフレーズを使う。そしてチャンスのブラスリングがめぐってくれば、宙に浮かんでいるそれをすばやくつかまえるための必勝フレーズを、一つや二つは用意している。

クロージングの言葉に気をつけろ

フーバーのセールスマンは、こう言って締めくくる。「フーバーがあればゴミはなくなり、フーバーがなければゴミがたまる。奥様、どちらをお選びになりますか？」

「もしもと聞くな、どちらと聞け」の見事なお手本である。もちろんこのクロージング用語はたくさんある中の一つだが、お客様からすれば、この問いに対して、掃除機があったほうがよいという以外に答えるのは難しいだろう。

さらにまた、お客様のだれもが出すような反対を何か言おうものなら、フーバーのセールスマンは「なぜ」戦法をよく心得ていて、あとからあとから「なぜ」に答えなければならなくなる。これがまた、口に出しては答えにくいものなのである。

例えばセールスマンはこんなふうに言う。「なぜ春まで待ちたいとおっしゃるのですか？」「なぜだめだとお考えなのですか？」「なぜためらっていらっしゃるのですか？」「なぜご主人に相談しなければとお考えになるのですか？」

セールスマンは、「なぜ」というこの一語が、相手にとっては答えるのに一番難しい一語だということをよく知っているのだ。相手は、はっきり答えようとして、ムニャムニャ言うしかない。

この「なぜ」という言葉を人に使ってみて、どうなるかを注意して観察してほしい。興味深い結果になることだろう。そして、次の秘訣を覚えておこう。もしだれかがあなたに「なぜ」を使ったら、こう言って逆襲するのである。「なぜ君は、私に**なぜ**と聞くのかね？」

注文仕立て《オーダーメイド》の保険セールストーク

一発必中の簡単な必勝フレーズで人を説得するほうが、高圧的なかけひきに頼るよりもずっとやりやすい。

たしかに、言葉でお客様を「まるめこむ」こともできるだろう。でたらめを言って玄関を開けさせることもできるだろう。ガス会社から来たと言うとか、電気掃除機の修理係だと言うとか、検査員だと言うとか、いろいろある。だが、お客様があなたの本当の目的を知ったらホウキで殴られるくらいで済めばいいほうだ。

生命保険のセールスマンは、「死んでお金を持っていけるわけじゃなし……」などと口ぐせのように言うお客様に出会っても「お尻がテカテカしたズボンのようなフレーズ」や「かかとのすり切れた靴のようなフレーズ」で返事をするようなことは決してしない。そのセールストークは、オーダーメイドの新品で、よくプレスのきいたものである。靴屋につくってもらったばかりの、かかとのすり切れていない靴のようだ。ゴム底などではなくて、かたい、丈夫な、パリッとした革底だ。彼のオーダーメイドの返事はこういったものだ。

「ジョンさん、問題は、あなたがお金を持っていけるかどうかではなくて、お亡くなりになったあとで、奥様がどうやって生計を立てていくかですよ。そうじゃありませんか?」

弁護士でさえ「ノー」と答えるのをためらうような、うまい誘導質問だ。お客様の反対を逆手にとって、セールスに結びつけていく巧みな手法である。

次の原則を覚えておくこと。「お尻がテカテカしたフレーズや、ひざがダブダブしたフレーズを使わないように。よくプレスをし、手入れをしておこう!」

使い古されてカビのはえた言葉は避けろ

私の家の近所に、一人、変わった老人が住んでいる。道ばたでこの老人につかまったが最後、一五分間はたっぷりと、同じような聞き飽きた話を聞かされるのだ。

例えば釣りの話だ。何回も「言い換えると……」と前置きしては、同じことを繰り返すのである。

なぜ「言い換える」必要があるのだろう?

私たちの研究所で、また実際に大勢の人に面接してこのことを分析してみた結果、このフレーズを使う人には三つのタイプがいることが分かった。

①　言おうとしていることを正しく言い表していないのではないかという恐れを抱いていて、今言ったことを言葉を変えて繰り返し話す必要があると思っている人。

②　相手に対して優越感をもっていて、自分の言ったことを繰り返し「話してやる」のが当然だと思っている人。こういう人は、話を相手のレベルまで「落とす」必要があると思いこんでいる。

③　自分が話すのが好きで、何かと口実をつけては繰り返し自分の考えや人のうわさなどを話す人。「言い換えると……」と言うことで、相手には話させないで会話を一人占めしようとする。

話し上手になろうと思ったら、「言い換えると……」という言いまわしは避けたほうがよい。そのかわり、「例えば……」というフレーズを使うのである。「例えば……」とか「例を挙げますと……」と言って、あなたの例を、あなたの利点を、あなたの証拠を述べるのである。

「もっとはっきり申しますと……」

もう一つの着古して毛羽立った言葉——現代的で合理化された、あなたの用語集から除外したほうがよいフレーズは、「もっとはっきり申しますと……」という言いまわしである。初めに正しく言ってあれば、もっとはっきりする必要などないはずだ。繰り返す必要などないくらいはっきりと、**一度だけ**言うことによって、人の時間をつぶすのは避けよう。

実例や証拠を挙げるのはよい。しかし、「もっとはっきり申しますと……」とか、「分かりやすく言いますと……」というのは、相手の知性をバカにするだけでなく、自分自身を**バカ**に見せることになる。

カビのはえたフレーズは使わないこと！　床屋にでも行って、カビをおとしてこよう！

大勢の前で話すときでも、「さて、満場のみなさん、私の今夜の演題は……」などと言うのは、やはりカビのはえたフレーズだ。前置きなどは抜きにして、話そうと思っていることをじかにぶつけたほうがよい。「これからの演題は……」などともったいぶる必要もさらさらない。

「さて、これからしばらく時間をお借りして申し上げたいことは……」などと言うのもやめたほうがよい。これでは聴衆は興ざめだ。前置きなしで、直接、本論に入ろう。「さて……」人間になってはいけない。

次に挙げるようなものも、セールスマンには避けてもらいたいカビのはえたフレーズである。

「申し上げますが……」

「すでに申し上げましたように……」

「お分かりですか？」

「これから申し上げることは内密に願いたいのですが……」

「存じません、**はい**。そうでなければ……**はい**」

「**ご承知のように**、家はそちらにあり、**ご存じのように**、入口はこちらです」


リーダーズダイジェストのウィルフレッド・J・ファンク氏は、うんざりさせられるフレーズとして次のようなものを挙げている。——オーケー、ハニー、たくさん、素晴らしい、たしかに、最上の、重大な……。ファンク氏によれば、これらのフレーズにうんざりさせられるのはそれがあまりにも使われすぎるからである。

販売をだめにする言葉

マンダス・E・ブリッドストーンは、一〇人の仕入係《バイヤー》からセールスマンが使えば販売をだめにしてしまうフレーズを集めたことがある。次に挙げたのは、ブリッドストーンが集めたフレーズのいくつかである。


「おっしゃることは絶対に間違っています」

「仕方なくこんなことをやっているのですが……」

「お分かりですか?」

「正直に申しまして……」

あるバイヤーは、正しい国語を使わないでスラング（俗語）を使うセールスマンとは付き合いたくない、と言っている。

また、ほかのバイヤーは、「商品のかわりにお世辞を売り歩く」セールスマンは嫌いだと言っている。そしてまた、「あなたのご満足が私にとっての満足です」とか、「あなた様の利益だけを考えております」とか、「あなた様のように何でもお分かりの方は……」ということばかり言っているセールスマンには警戒しなければならない、とも言っている。

また、別のバイヤーはこう締めくくっている。「私がもっとも腹立たしいのは、『これはあなたと私だけの間のことですが』型のセールスマンだ。これは『決して言いふらしたりしませんから』型や『よそに話されちゃ困るんですが』型に劣らず悪質である」

露骨にへつらうな

下手なお世辞になるようなフレーズは避けたほうがよい。お客様はそういうことに飽き飽きしているのだ。人のうわさをしゃべり歩くのもいけない。そんなことをすれば、お客様は、この男性はよそへ行って自分のこともしゃべるだろうと思ってしまうに違いない。

「こうも申します」とか、「ああも申します」とか、「お分かりですか？」とか繰り返して、うるさがられるようではダメだ。

やたらに「実は、それはこれこれでして……」などと言う偏屈《へんくつ》な老人にはならないようにしよう。相手にも話すチャンスを与えること。ボーデン教授も忠告しているように、まず良き聞き手となり、それから良き語り手になるべきなのである。

人々をうるさがらせ、もうたくさんだと言わせるような、使い古した何千という日常語をここで全部数えあげることはしないが、とりあえず自分で自分の用語を一度リストアップしてみるとよい。

そして、カビのはえたフレーズが見つかったら、つまみ出してしまおう。

覚えておこう。人から好かれ、トラブルにまきこまれないための原則は、次の教えを守ること。

使い古してカビのはえたフレーズを避けろ！

19

人の眉をしかめさせるようなフレーズを避けろ

映画製作者たちは観客の精神状態について考え方を改めつつある。彼らは、人を笑わせたり泣かせたりするために、これまでのようなありふれた手は通用しないこと、『ポーリンの危難』（二〇世紀前半にヒットした週に一本公開される連続映画の代表作）の時代は過ぎ去ったこと、断崖のふちでインディアンと戦うヒーローは、ため息をさそうかわりに嘲笑をさそうだけであることを認識しつつあるのだ。

不幸なのは、アメリカ人の精神構造が変化しつつあるという事実が、コピーライター、宣伝マン、ラジオやテレビの関係者、そのほか人々の考え方に影響を与えようとしている人たちにいまだ十分に知られていないことだ。

昔の牧師は「地獄におちますぞ」と言うことで、日曜日に教会に来るように信者をおどかすことができた。しかし現在では、彼ら自身が認めているように、もはやこの手は通用しない。

子どもでさえ母親にこんなことを言う。「おどしたってだめだよ。おばけなんているわけないよ」。サンタクロースも、もはや信じる者はいない。

昔は子どもは「おまわりさんを呼びますよ」で簡単におどかされたものだが、現在ではこれも通用しない。知恵が恐怖を追い払ったのだ。

しかし、賢い製作者には、がつがつした宣伝をする広告代理店のイメージがほとんどなく、けっして人に怪しまれることなく非常に巧妙な筋のとおった話のできる、まじない師のイメージがある。間違えないでほしい。私が言おうとしているのは、現代人は今でも感情的刺激から物を買うが、彼らの本能を行動へと動かす感情の矢は、インディアンの「木製の矢」ではなくて、「電報形式」でなければならないということである。

私たちは現在、ラジオの時代、テレビの時代、目にもとまらずきらめく電気インパルスの時代に生きている。だからセールストークも、目に見えず、飛ぶものでなければならない。

「目に見えない」セールストークを使え

もし相手に「自分は売りつけられているのだ」と気づかせたら、相手はきっとあなたを守勢に追いこむようなさまざまな論拠を挙げて、身を守ろうとするだろう。

大げさな言葉や飾りたてたフレーズや誇張した調子は、目に見えないものではなくて、目に見えるものである。そういったものは、あなたが言っていることにではなく、あなた自身に相手の注意をひきつけてしまう。だから他人を自分の考え方に乗せようと思ったら、次の原則を覚えておこう。――あなたが伝えようとすることを**目に見えないフレーズ**で言い表せ！

目に見えない言葉とは、だれもが**日常的に使っているフレーズ**のことである。

もし相手の言っていることが、眉をしかめて考えなくてもたちどころに分かるようだったら、その内容も努力せずともスーッと入ってくるだろう。

クリーブランドのウィリアム・テイラー百貨店の靴下売り場の女性店員は、ストッキングを買って帰ろうとする女性客に向かってこんなふうに話しかける。

「ストッキングの右足が左足よりも早くダメになるようなことはございませんか?」

女性客は「いつも一方のストッキングがもう一方より早く破れるわ」と答える。両方のストッキングに同時に伝線が起こることはめったにない。そこで抜け目のない店員はこう続ける。

「でしたら、同じ色のを二足お求めになるとよろしいですよ。そうなされば、どちらかのストッキングが何かの拍子に破れたり、伝線したりなさったときにすぐ取り換えることができます」

じつに明快な言葉だ。不自然なところなどみじんもない。あるときなど、贈り物用に三足を一組にしたものを何組も売り切ったこともある。

もし、店員が「三足を二ドル八五セントでお求めになれます」と言ったのに対して、女性客が「二足でたくさんよ」と答えたら、店員は前述のロジックを使って、二足目を買うように女性客にすすめる。それからこう言う。

「三足目をお求めになれば、わずか八五セントで手に入ることになります。三足目は格安なお値段でお求めになれるわけです」

大統領もセールスの必勝テクニックを使う

一九三六年の選挙でルーズベルト大統領が使ったフレーズの選択と機敏なセールスマンシップは実に模範的だった。

セールスマンのランドン（アルフレッド・ランドン。一九三六年の共和党大統領候補）と、セールスマンのルーズベルト（フランクリン・ルーズベルト。一九三三〜一九四五年の民主党出身大統領）は、それぞれ同じお客様に売り込みを開始すべく立ち上がった。

二人はそれぞれほぼ同じような「商品」を持っていたが、セールスマン・ランドンは新聞の八五パーセントと一流実業家のほとんど全部を味方につけていたという点で、セールスマン・ルーズベルトよりも一歩抜きん出ていた。だがセールスマン・ランドンは、戸別訪問のセールスマンなら本能的に守っている基本的なセールスの原則を無視した。

まず第一に、自分の商品に関して話すよりも競争相手の商品に関して話しすぎた。自分の商品から得られる利益や便宜について話すかわりに、競争相手の商品がどういう点で失敗だったかを語りすぎたのである。

第二に、競争相手の名前を口にした。ルーズベルトはいつも競争相手を「彼ら」と非個人的な呼び方をしていたのに対して、彼は自分の競争相手の名前をズバリと名指しした。心得たセールスマンは競争相手をその名では決して呼ばないものである。フーバー電気掃除機のセールスマンはどんな競争相手でも「ボジャック」という呼び名で片づけている。

第三に、自分自身を「売り込みすぎた」。彼には、いつ自分のことを語るのをやめて矛先を競争相手に向けたらよいかが分かっていないようだった。自分を早く売り込みすぎて、かえって失敗したのである。

第四に、民衆が理解しにくいフレーズや、古風で大仰な、政治論争ではもう古びて色あせたフレーズを使った。「国がまさに滅びようとしているとき」「ルーズベルトと破壊」「道路にペンペン草がはえつつある」といった、使い古された「恐怖キャンペーン」を使ったのである。

ルーズベルトは言葉の魔術を使った

一方、ルーズベルトはお客様の信頼を得た。彼は「お客様」が理解できるフレーズを使った。興味持たせ、気をひきたてるような、希望をもたせるような、それでいて論理的な話し方をした。例えばこんな調子だ。

「四年前、ホワイトハウスは救急病院のようなものでした。大勢の実業家が頭痛や背の痛みを訴えてやってきました。彼らの苦痛がどんなものなのか、だれも知りませんでした。老医ルーズベルトを除いては……。彼らは痛み止めの注射と早期の治療を求めていました。私はその両方を施してやりました。彼らは動けるようになりました。実際、私たちはワシントンで、迅速に、効果的に彼らを治療したのにもかかわらず、今では同じ人たちが、私たちの施策に反対して医者の顔に松葉杖を投げつけようとしているのです」

ルーズベルト大統領は、言葉を選ぶことの価値と「必勝フレーズ」の価値を知っていた。彼は、ある言葉は人々に売り込めるし、ある言葉は売り込めないということを知っていた。彼はお客様の心をじかにその場で印象づけて、長く忘れられないでいる言葉だけを使うようにした。

これが、選挙の土壇場でアメリカの国民が彼から「買った」理由である。

原則は簡単だ。

人が眉をしかめて**考えこまずに理解できる言葉**で話そう。

ジョンズ・マンビル社の既製品《レディメイド》ルール

ジョンズ・マンビル社のセールスマンが私の近所に引っ越してきた。彼は今でも、ちょうど冷蔵庫やテレビを買うように、ローンでアーサー・フッドのリフォームプランを買うように勧めることも怠らない。数章前で説明したような、セールス時の問答がちゃんと計画されているのである。まずスミス夫人宅の玄関に立ち、呼鈴のボタンを押す。スミス夫人が現れると名刺を出し、ジョンズ・マンビル社のものですが、と述べる。続いてこう言う。

「これは**家屋を改装する一〇一の方法**という無料パンフレットでございます」

スミス夫人はパンフレットに手をのばす。だが彼は一六ページを開いてこう言う。

「これは私どもがお隣のお宅にお作りしたばかりの台所の写真でございます。よくできておりますでしょう?」

そしていくつかのほかの写真を見せてから、さらにこう言う。

「すみません。どうも冷えてまいりましたので、ちょっと中に入れさせていただいてよろしいでしょうか?」

もし夏だったら、こう言う。

「外はどうも落ち着きませんので、よろしかったらちょっと中へ入れさせていただくわけにはまいりませんでしょうか?」

くつろがせる

中に入れてもらうと、彼はこう言って夫人をくつろがせる。

「どうかおかけください、奥様。くつろいでください。長く立っていらして、お疲れだったでしょう」

彼女は腰かけるが、あの興味深い写真をもっと見たがっている。しかし彼は奥様の好意をもっとしっかりとつかんでおくために、こんなことを言う。

「素晴らしいカーテンですね。奥様はインテリア選びがお上手でいらっしゃる。ご自分でお選びになったのですか?」

彼女はこのお世辞にすっかり乗ってしまって、自慢げに、このカーテンは自分が選んだこと、おまけに家具まで自分が選んだものであることを話してしまう。

お客様の好意を得ようと思ったら、家のことについて**ひと言言う**とよい。これは戸別訪問のセールスマンにとって、覚えておいて損のない優れた原則である。社交的な訪問をする場合にも役立つ。

人をくつろがせる五つの効果的な方法

ジョンズ・マンビル社のセールスマンは、お客様を訪ねた最初の五分間に、相手をくつろがせ、ぎこちなさを取り除き、家屋改装に興味をもたせるために、五つのことを話すように教育されている。

彼らは、次の五つのフレーズの一つ、もしくは全部を使う。

① 台所仕事をなさっていて、すぐお疲れになりませんか?
② 光熱費が高くおつきになりませんか?
③ リビングルームが暗すぎはしませんか?
④ 卓球などおやりになることがありますか?
⑤ 家の中がなかなか暖まらないというようなことはございませんか?

これらのフレーズのどれもが、セールスマンが欲しい答えをお客様から引き出せるように、テスト済みのものである。

家は家庭の基礎である

人間にとって、家は最も親しみ深い場所である。どんなボロ屋でも、家は家だ。人々に自分の家のことを語らせろ。寝室について、台所について、屋根裏の納戸についての夢を。

相手をすばやく自分のペースに引き込むための「必勝フレーズ」をもう少し並べてみよう。


「素晴らしいお宅だと存じますが……」

「このじゅうたんは非常に人目をひきます。ちょっとここに触ってみてください」

「家のことにお金をお使いになるのは、最も賢い投資ではないでしょうか?」

「もし改装費が三〇〇ドルあるとしましたら、どこをお直しになりたいとお考えですか?」

「このようにお部屋をきれいにするのは、とても大工にまかせっきりでできることではございません。奥様のアイデアでしょうか?」


人の家に行ったら、家について話そう。人々を気楽にさせるこの簡単な原則を守れば、非常に早く相手の好意を得られるはずである。

ボーデンの原則

ボーデン社ミルク部門のセールスマネジャー、リチャード・C・ボーデンが、家庭を訪問してビン入りの麦芽乳を女性に勧めるために彼が使っている「必勝フレーズ」について話してくれたことがある。最初いろんな言葉ややり方を試みてみたが、今までのところ最も効果的なのは、次のようなやり方だそうである。

ドアをノックして、女性が出てきたら、チョコレート入りの麦芽乳のビンを差し出して、こう言う。

「この冷たさを、ちょっとお触りになってみてください」

女性がビンを手にしたら、セールスマンは今度は飲んでみることを勧める。そして、彼女について行って台所に入ってしまうのである。台所に入りこみ、製品を試飲させるこのやり方のほうが、昔ながらの「普通のミルクのかわりにチョコレート入りの麦芽乳はいかがでしょうか」と勧めるやり方よりも、どれだけ効果的か分からない。セールスマンは「素晴らしい台所」や「きれいなカーテン」について少しおしゃべりをする。それから「あなたのルール」を使う。こう言うのである。

「奥さん、このチョコレート入り麦芽乳についての**あなた**のご意見はいかがでしょうか？」

彼女は自分の意見を言うだろう。人間は意見を述べることが好きなものだ。

もし、その人に会った**最初の一〇秒間に「気楽にさせる」**ことができれば、その後長時間にわたってその人をひきつけておくことができるだろう。

商品の正しい扱い方

どんなによい言葉を使っても、どんなによいテクニックを使っても、どんなによい声で話しても、もし売っているものを不注意に扱ったり扱い損じたりしたら、すべては台なしになってしまう。

優れたセールスマンは手の動かし方にも気を配って、鍛練を怠らない。彼は、一番安い真珠のネックレスでも、百万ドルの品物であるかのように取り扱う。売っているものに対するあなたの態度が大切なのだ。というのも、それが、これから買ってもらう人に良くも悪くも反映するからである。

商品をわしづかみにしたり、売り台の上に投げ出したりしないこと。ハンマーやスパナを扱うように乱暴に扱わないこと。どしんと置いたり、落としたり、お客様のほうへポイと押しやったりしないこと。注意深く、大事に扱うのだ。ダイヤルでもスイッチでも、注意深く、ガタガタさせないでうやうやしく取り扱おう。そうすることによってあなたが売っているものの価値を高められる。契約書を注意深く開いて見せ、うやうやしくペンを持つ。こういったことは細かいことだが大切なことである。相手の受ける印象が大事なのだ！

あなたの動作が簡単に見えれば、お客様にもこれは扱いやすそうだと感じてもらえるだろう。絶えずこう言おう。

「することはこれだけです」

「ここをちょっと押すだけです」

「簡単でしょう?」

「使いやすいでしょう?」

あなたの動作で相手を動かせ

もしお客様が商品にケチをつけて、扱いにくいとか使いづらいという「反対」を言いだしたら、そんなはずはありませんなどとは言わない。こう言う。「たしかに古い型のものはそうでございました。しかし、この新型がどんなに扱いやすいか、ちょっとご覧くださいませ」

お客様にもデモンストレーションにひと役買わせるのである。これは、お客様の関心を持ち続けさせ、お客様の心を反対のほうへそらすのを防ぐ効果がある。

人はひと役買うのを好むものだ。ひと役買わせよう。商品を扱わせよう。「大芝居を打たせ」よう。あなたは儀式の進行係になればよい。こう言うのだ。


「ここでちょっとお試しくださいませ」

「どんなに扱いやすいかご覧ください」

「簡単でしょう?」

「あっという間に慣れてしまうでしょう?」

「扱いやすくありませんか?」

買おうとしているものを扱い、試し、動かしているうちに、所有欲が起こってくるものである。まず売ろうとするものに触らせ、嗅がせ、手に取らせるのだ。

花を添えて言うこと!

20

戸別訪問販売に必勝フレーズを活用する方法

百発百中の話し方公式

メーカーは、セールスマンと商品を玄関先まで送りつけることはできるが、もし一〇秒間の適切なフレーズが使われなかったら、セールスマンは中に入ることができないし、商品も売れない。四インチの敷居によって商品が生かされも殺されもすることがよくある。

ニューヨーク販売協会――私もその会員の一人だ。ここには約七〇〇〇人の第一級の経営幹部が集まっている――が、戸別訪問販売のために、「必勝フレーズ」を使ったプレゼンテーションをつくるように私に依頼してきた。

そこで私は、フーバー社の訓練部長、W・パウエルの助けを借りて、電気掃除機の戸別訪問販売で、言葉とテクニックを選ぶことの重要性を説明した、まじめだがちょっとユーモアを盛った寸劇をつくってみた。これはその後、協会の会員の前で披露されたものである。

「玄関先での必勝販売法」

ホイラー　何が家にいる人に買う気を起こさせるのでしょうか？　ここにお集まりのみなさん

は、たぶん、「必勝フレーズ」の原則が販売のほかの分野でも使うことができるだろうかと疑問をお持ちのことでしょう。そしてまた「『お決まりの』（あらかじめ用意された）セールストークが役に立つのですか」と私に尋ねたいことでしょう。一〇万五〇〇〇に近いフレーズ、セールストーク、販売過程を分析し、それを約一九〇〇万の人々にテストしてみた結果、私の意見は、「お決まりの」セールストークには賛成できませんが、「計画された」セールストークには大賛成です。

本日はパウエル氏のお力をお借りして、いわゆる「お決まりの」セールストークと「計画された」セールストークの違いを説明してみたいと思います。また同時に、みなさん自身のセールスプレゼンテーションをつくる公式――「百発百中の話し方公式」をお伝えしようと思います。

「百発百中の話し方公式」は次の三つの部分からできています。①一〇秒間の「注意をひくフレーズ」または「戸を開けさせるフレーズ」、②三分間の商品説明、③六〇秒のクロージング。成功したデモンストレーションは、ほとんど、この簡単な販売公式の上に組み立てられていることがみなさんにもすぐお分かりだろうと思います。

最初はまず、セールストークをオウムのように機械的に暗記している、戸別訪問の電気掃除機セールスマンから紹介しましょう。

①「決まりきった」セールストークを使った販売

セールスマン　（ブラブラとドアに近寄り、ベルを押す。あくびをする。中から女性の声で応答あり）おはようございます。奥様はいらっしゃいますでしょうか？　あなたはお手伝いさんとお見受けいたしますが……。

女性　私が当家の主婦ではないとどうして分かるのですか？

セールスマン　ごめんなさい。私はボジャック電気掃除機のセールスマンでございます。新型のボジャックをご覧にいれ、お宅のどこか汚れたじゅうたんをきれいにしてさしあげたいと存じまして……。

女性　ちょっと待って。だれがうちのじゅうたんが汚れているなどと言ったんですか？

セールスマン　いや、お宅は例外かもしれません。なあに、通りの向こう側にいらっしゃるアペルナス夫人が、お宅もきっとどこか掃除なさる必要がおありだろうとおっしゃったものですから……。奥さん、上がらせてください。お手間はとらせません。

（強引に上がろうとする。女性はうんざりしながらも、不承不承上がらせる）

女性　アペルナス夫人なんて方は知りませんわ。それに私、困るんだけど……。

セールスマン　まあまあ、おかけになって、私がこの掃除機でじゅうたんをきれいにするのをご覧になっていてください。特にこの掃除機の形の美しさをご覧ください。これをデザインした人は、列車やその他、名前は忘れましたがいろんなものをデザインした人です。これなら、ふだんこの応接間に置いておかれてもちっともおかしくないですよ。

女性　ええ、そうですわね。ところで応接間といえば、うちの主人は犬を二匹飼っておりますの。犬の毛もこれでとれますか？

セールスマン　（「お決まりの」話し方から抜けきれないで）それについてはのちほど申し上げます。まず最初に、この掃除機が動いているときの音をお聞きください。お隣に迷惑をかけない程度の、ごく静かな音です。奥さんだって、お隣に迷惑はかけたくないでしょう？

女性　もちろんだわ。だけど、犬の毛はとれますか？

セールスマン　それについてはのちほど申し上げます。その前に、この掃除機の底をご覧ください。いかにも機能的に見えませんか？　この部品でしたら、じゅうたんよりも長持ちいたします。実際、このボジャックなら一生お使いになれますよ。そこが掃除機の大事なところなんですよね。

女性　犬の毛がとれさえしたら、持ちなんてどうでもいいわ。

セールスマン　もちろん犬の毛もとれます。

女性　（いつまでもぐずぐずしているのにだんだん腹を立てながら）でも本当に犬の毛がとれるかどうか分からないじゃないですか。

セールスマン　（同じく腹を立てて）信用してくださらなきゃ困りますね。ひとつ、紙くずがどんなにきれいにとれるかをご覧にいれましょう。（ちぎった紙をひとにぎり床にばらまく）吸いこむ力がお分かりですか？　ひとかけらも残っておりません。まったく素晴らしいと思いませんか？

女性
奥さん、この掃除機は、貴重なじゅうたんを裂いたり、破ったり、ゆがませたり、ぼろぼろにしたり、のばしたりしたりしないという保証つきです。さて、これで汚れたじゅうたんもきれいになりました。この掃除機の能力もお分かりになったかと思います。今度はビジネスといきましょう。これはどのくらいするかと申しますと……。

（立ち上がって、台所のほうに行きながら）これ以上時間はさけませんわ。オーブンにケーキを入れてありますの。いつかまた来て、本当に犬の毛がとれるかどうか見せてくださいな。いま使ってる掃除機ではとれないのよ。どんな掃除機だろうと、とにかく犬の毛がとれるのが欲しいの。それじゃあさようなら。

セールスマン
（また玄関の外にもどってきて）きっとうす汚い子犬でも家の中に飼ってるのに違いない。おかしいな、この「お決まりの」セールストークには、犬の毛をとることなんか何も書いてないや。まあ、外に放り出されなかったんだから、良いデモンストレーションだったと言えるだろう。会社に帰って報告しないと。

ホイラー
（観客に向かって）たしかにこれは少し誇張されてはいますが、「お決まりの」セールストークを持ち歩いているセールスマンはどうなるかということを示しています。今度は、セールスマンが「お決まりの」セールストークのかわりに、「計画された」セールストークをたずさえて同じ女性を訪問したときにどうなるかを見てみましょう。

犬の毛がとれる掃除機をほしがっている女性を訪問したとき、一〇秒間の「注意をひく言葉」と三分間のプレゼンテーションと六〇秒のクロージングを装備した「百発百中の話し方公式」をどう活用したかに注目してください。

②「計画された」セールストークを使った販売

セールスマン （活発に、きびきびした態度でドアに近寄り、ベルを押す。帽子をとる。ちょっと下がって立ち、ほほ笑む。女性がドアのところにやってくる）おはようございます。私はパウエルと申しまして、ギンベルズ（百貨店）から来たフーバー掃除機のセールスマンです。こういう案内をお受け取りになりませんでしたか？（訪問予告の案内状を見せる）

女性 えっ？

セールスマン 私はじゅうたんと家具を無料で掃除してさしあげ、お掃除時間を節約するお手伝いをするというお約束を実行するために伺っているものでございます。フーバーの新型掃除機をご紹介させていただくのに、いつもこうやっているのでございます。申すまでもございませんが、これには一銭の費用もどんなご負担もいただきません。

女性 掃除機のセールスマンなら、さっきもきたわ。それに、オーブンでケーキを焼いておりますの。

セールスマン （ほほ笑んで）**ほんのちょっとの間でございます**。

女性 じゃあ、お入りくださいな。（ほほ笑みが彼女の心をとらえている）

セールスマン　（入る）まだお名前を存じ上げておりませんが……。

女性　T・J・ジョン夫人です。

セールスマン　（手帳に書きこむ）ありがとうございます。さあどうかそこのいすにかけて、楽にしてくださいませ。ほんの数分お時間をいただくだけでございます。きっとお掃除時間を減らす方法に関心をお持ちいただけると存じます。（新型のフーバー電気掃除機を取り出す）

これは根本的に改造された新型の電気掃除機でございます。実際、掃除機の技術は、このところ驚くべき進歩をとげております。

これはフーバーの一五〇型掃除機でございます。安全な流線型で、ヘンリー・ドレフィスがデザインしたものです。マグネシウム製でございまして、アルミニウム製よりも三分の一ほど軽くなっております。

このライトがお見えになりますか。

女性　ええ。

セールスマン　わが社ではこれをゴミ発見装置と呼んでおります。これは、掃除すべき箇所を自動的に発見して、きれいにしてしまいます。

そしてこの赤い窓は、ゴミがいっぱいになったときのシグナルです。

女性　ゴミがいっぱいになったときのシグナルと言うと……？

セールスマン　よくゴミがいっぱいになってもそのまま使っていることがございますでしょう。ゴミがいっぱいたまると、このランプがついて、ゴミを捨てる時期が来たことを知らせるわけです。
これはまた、自動じゅうたん調節装置《アジャスター》です。ちょっとここを踏むだけです。（女性、やってみる）これだけで、じゅうたんの種類に合わせてブラシの長さが調節されます。

女性 よくできているわね。だけど、これで犬の毛はとれますの？

セールスマン フーバーで犬の毛がとれるかとおっしゃいましたか？ **もちろんとれます**。（掃除機を渡す）
奥様、このブラシがお分かりですか？　わが社ではこれを犬の毛とりと呼んでおります。

女性 掃除機に犬の毛とりがついてるなんて聞いたことがないわ。

セールスマン （パンヤ綿をじゅうたんの上にまく）奥様、このパンヤ綿がどんなに**簡単**にとれるか、ご自分でお試しください。パンヤ綿は犬の毛と同じです。ただし、こちらのほうが何倍もとりにくいですが。（女性、掃除機を動かす）いかがですか、お気に召しましたでしょう？
ご覧のように、フーバーの掃除機は、掃きながら、掃除しながら、ホコリをたたき出します。ですから、目には見えないホコリや犬の毛もきれいにとれるのです。
（「この女性は買うだろう」と見極めて）奥さん、わが社でなぜこれを一五〇型と呼んでいるか、お知りになりたくはありませんか？

女性　そうね。知りたいわ。

セールスマン　この犬の毛とりつきの掃除機は、週あたり一ドル五〇セントのわずかな金額で手に入れられるからです。

女性　でも……主人が何と言うか分からないわ。

セールスマン　週一ドル五〇セントということは、一日に直すと約二〇セントです。つまらないものにも毎日それくらいのお金は使っていらっしゃるのではございませんか?

女性　そうね、じゃ、お願いしようかしら。

セールスマン　では私の承認をここに書きます。ちょうど私の名前の上が、**あなたのご承諾を書きこむ場所**です。これでじゅうたんから犬の毛をとる問題は解決したわけです。(彼女、サインをする)ありがとうございました、奥様。(立ち上がり、観客に向かって)主人が帰ってきたら、新型のフーバー掃除機を買ったことを知らせましょう。これで主人も犬をまた家の中に入れられるわ。

女性

ホイラー　(観客に向かって)これこそ、科学的セールスマンシップの見事な見本です。みなさんもお分かりのように、新型のフーバー掃除機は、いろいろな新装置を備えた、技術の粋を集めて作ったものです。しかし「シズル」のフレーズを使って劇化しなかったら、この驚くべき掃除機も、残念ながら人々の注意をひくことなく、普通のものと似たりよったりのものだと受け取られるということを、フーバー社ではよく知っていました。

だからセールスマンは、一〇秒間の「戸を開けさせる言葉」を使い、家の中に入っていきました。家に入ると、今度は三分間のプレゼンテーションをしたのです。セールスマンは、彼のプランどおりに、お客様に向かって「契約書にサインしてください」などとは一度も言わないで、販売を成功させました。「ここにご署名を」などという古くさい言葉は一度も使わずに、お客様は見事にサインしたのです。

イギリスでの話

このような必勝の販売計画を守らないときにはどうなるだろうか?

「イギリスの一人前のセールスマンには、話したりするための『計画』など必要ないんだ」と言っていたイギリス・フーバー社のセールスマンが、その結果を見せてくれる。

彼は自己流で売るためのプレゼンテーションをつくりあげた。ドアをたたいてこう言った。「奥様、私はお宅のお掃除時間を半分に縮め、もっと生活を楽しむためのお手伝いするために伺いました」

礼儀正しいイギリス女性は、セールスマンを招じ入れた。「生活を楽しくしてくださる方なら、どなただろうといつでも歓迎しますわ」

部屋に入ると彼は「奥様、フーバーのいいところをご覧にいれる一番よい方法は、こうやってまずゴミを散らかしておいて、それを掃除してご覧にいれることです」と言いながら、応接間のじゅうたんの上にゴミをまきはじめた。女性はうなずいた。それから彼は何枚かの紙を裂き、コップ一杯の粉を取り出して、それもまいた。暖炉のゴミもすくいとって、じゅうたんの上にまきちらした。しまいには、床の上の灰皿まで空にしてしまった。

床の上はめちゃくちゃによごれてしまったが、気のよい女性は「フーバー掃除機がこれらのゴミを残らず掃除してしまう」という彼の最初の言葉をまだ信じていた。

さて、家の中をすっかりちらかし終えると、彼はこう尋ねた。「ところで奥様、これから新型フーバーの威力をご覧にいれましょう。コンセントの指し込み口はどこですか？」

このときになって、あわれな女性はセールスマンにこう言った。「うちでは、ガスしか使ってないのよ！」

計画に従わない場合にはこういうことが起こる。これからは、電気掃除機を売りに行ったら**計画的に行動して**、部屋に入ったらまず最初に掃除機を指し込み口のそばに置こう。こうしておけばその家に電気があることが確認でき、人のよいイギリス人を困った状態におとしいれないですむわけだ。

必勝の販売計画に従うことを常に忘れるな！

21

奥さんや恋人のためにショッピングしている男性に売る方法

男性が女性物売り場にくると、すぐに高いものを売りつけられるということは、小売店ではよく知られている。男性は買い物が早い。値段は二の次である。戸惑っているのだ。すばやく買って、すばやく立ち去ってしまいたいのだ。

高い商品だけを見せられれば、たとえ値段が高かろうと、欲しいものを決めて、さっさと支払いを済ませて出て行ってしまう。

それに比べると、女性は「買い物上手」だ。店員に品物をあとからあとから出させては、一番安いものを見つけるまでやめない。彼女らは掘り出し物を探すのが得意なのだ。

メイシーズ百貨店は、最近、フレーズに気を使うようになってきた。どんなに立派な商品でも、それがどんなに魅力的に見えても、商品がひとりで売れるわけがないことを認識し始めたからである。また、大きなセールスは、常に店員が説得力のあるフレーズとテクニックを使うときに成立することも知り始めたからである。

私はこの世界的企業の、初めは二〇〇名の購買係と商品係の職員に、そして次には一万二〇〇〇名の従業員に向けた講演を依頼された。

副社長のポール・ホリスターと話し合った結果、店員に、プレゼンテーションを通じて正しいフレーズの選び方と販売技術を教えこむことに決めた。まず最初に、実演形式で、間違った販売の仕方を見せる。そしてすぐそれに続いて、正しい販売の仕方を見せることにも意見が一致した。両者の対照によって、教育の効果をより上げようというわけである。

その結果、次の二つの寸劇が上演された。これは芝居なのでいくらか誇張されてはいるが、勘どころをよくつかんでおり、ホイラーの五つの公式をよく説明している。

販売の実演・その一

〔奥さんのためにショッピングしている男性におしろいと香水を売る「間違った」やり方〕

店員　（鼻の頭におしろいをぬりながら）何かご用でしょうか？
客　あなたはここでおしろいを売っているのですか？
店員　はい、そうです。
客　そう。少し買いたいんだが……。
店員　（客を不思議そうに見ながら）はい、どんな色のをお使いになっていらっしゃいますか？
客　自分のじゃないよ。家内のだよ。
店員　奥様のお髪はブロンドでいらっしゃいますか、ブルネットでいらっしゃいますか？
客　家内は赤毛だね。

店員　そうですか、これがお似合いの色だと思います。
客　いくらですか？
店員　ちょっと失礼。（箱の値を見る）一ドル五〇セントでございます。
客　いやぁ、高いね。もう少し安いのはありませんか？
店員　こちらが一ドルの品でございます。これもなかなかいいですよ。
客　なるほど。一ドルの品と一ドル五〇セントの品ではどこが違うんですか？
店員　ここだけの話なんですが、箱の色が違うだけなんです。だから、私たちはいつも赤い一ドル箱を使うんです。（お客様にうちとけた態度を示す）
客　へーえ、じゃ私にも一ドル箱をください。
店員　香水などはご入り用じゃありませんか？
客　いや、香水は使わんのでね。
店員　あなたのでなく、奥さんのです。赤い髪の……。
客　いや、これで結構。急ぎますので……。
店員　お安いですよ。
客　いや、そのうち……。
店員　しかし、たったの五ドルですよ。
客　いや、おしろいだけでたくさん。
店員　今日は販売コンテストの日なんです。だから……。

客　（怒って）君のコンテストなんか、こっちの知ったことじゃないよ。忙しいんだからね、またの日にしてくれ。（急いで店を出て）なんて厚かましいんだ。もう二度と来てやるもんか。

店員　近ごろはだれもお金を持ってないのね。

〔奥さんのためにショッピングしている男性におしろいと香水を売る「正しい」やり方〕

店員　いい日和でございますね。

客　そうですね……。あの、おしろいを見たいんですが。

店員　お使いになるのはブロンドの方ですか、ブルネットの方ですか？

客　赤毛ですね。

店員　これが赤毛の方に非常によく映える色です。

客　いくらですか？

店員　一ドル五〇セントです。

客　少し高いですね。もう少し安いのはありませんか？

店員　はい、これが一ドルでございます。

客　一ドルの品と一ドル五〇セントの品とではどこが違うんですか？

店員　一ドル五〇セントのは、特別に赤毛の女性向きにできております。それにいつまでも落ちません。おしろいを何回も塗るのはやっかいなものですから。**これですと長持ちいたします**。

客　いつまでも落ちないし、長持ちする……か。これはいいや。（ひとりごとを言う）一緒に行っ

店員　た先々で、やたらにパフを使われるのはやりきれないからな。

客　（香水の匂いを嗅いで、それを客に差し出す）この香水はとてもすてきな香りがしませんか？

店員　そうですね。何という香水ですか？

客　ミッツィーでございます。**特に**赤毛の女性向きのスパイシーな香りです。そして、いつまでも**匂いが消えません**。

店員　これも長持ちするんですか？　じゃ、何回もつけなくてすむわけですね。

客　お金が助かりますよ。

店員　それもいただきましょう。この店が気に入りました。お金を節約する方法を教えてくれますからね。

客　母の日にはお母様にも一ビン買っておあげになるでしょう？

店員　（とても悲しそうに）母はいないのですよ。

客　（いたずらっぽく）じゃ、だれかほかの人は？

店員　（決まり悪そうに）ほかの人ですって？　うーん、そうだな……（笑い出す）

前にも言ったように、この寸劇は単純だが、適切に演じられると、非常に効果的であることが実証されている。笑いの中に教訓が含まれている。店員にとっては、人が自分をどう見ているかが分かるし、販売のプレゼンテーションも結局は「必勝フレーズ」をつらねたものだということが理解されるだろう。

さて今度は、次の寸劇を見てみよう。

販売の実演・その二

〔男性に奥さんのための靴下を売る「間違った」やり方〕

店員　（アクビをしながら立っている）何かお待ちでしょうか？
客　今朝、妻から「会社の帰りに靴下を買ってきて」と言われて……。靴下はここで売っていますか？
店員　はい、売っております。
客　少し見せてください。
店員　かしこまりました。奥様のサイズはどのくらいでしょうか？
客　なぜ？　妻は何も言わなかったんですが……。
店員　まあ、結婚してどのくらいおたちになりますの。
客　二二年になるが、なぜですか？
店員　それなら、奥様の靴下のサイズぐらい覚えておくべきですわ。カウンターに足をお乗せください。（客、カウンターに足を乗せる）
店員　奥様のお足のサイズはお客様のぐらいですか？
客　いや、半分ぐらいかな。
店員　それなら一〇号ですわ。はい、これが一ドル五〇セントで最上の品でございます。
客　もっと安いのありませんか？
店員　はい、こちらが一ドルの品です。

客　どう違うんですか？
店員　**五〇セントの違いですわ**。だけど私たちはみんな一ドルのものをはいていますわ。みんなこちらのほうを好みますの。
客　ふーん、じゃ、一ドルのを買っていこう。君たちにいいんなら、家内にもいいんだろう。
店員　もう一足いかがですか？
客　いや、妻も一度に一足しかはけませんよ。
店員　もっと気前よく、二足買ってはいかがですか。
客　いらん。一足でいいよ。早くしてくれ。
店員　今日は私、売上成績が悪いんです。少し売らないと……（売りつけようと、客の後ろ姿に呼びかける）
客　いつかまた来るよ。……まったく、あの押しつけがましい態度は何だ！
店員　仕方のない人。今日はみんなお金がないのね。

〈男性に奥さんのための靴下を売る「正しい」やり方〉

店員　おはようございます。
客　おはよう。（カウンターの上の靴下を見る）
店員　こちら、かわいらしい靴下ですよね。
客　妻から一足買うように頼まれたので……。

店員　奥様はどのくらいのサイズのストッキングをお召しになりますか？

客　あっ！　聞いてくるのを忘れたよ。

店員　じゃ、九号半を差しあげましょう。これは標準サイズでございます。これはとてもいいお品でございますわ。

客　いくらですか？

店員　一ドル五〇セントでございます。

客　ふーん……、もっと安いのはありませんか？

店員　かしこまりました。これが一ドルのお品です。

客　一ドルと一ドル半の品ではどこが違うんですか？

店員　一ドル半の靴下のほうがずっと長くおはきになれます。

客　長くはけるのか。うん、これがよさそうだ。家内はよく出歩くからね。一足ください。

店員　奥様のストッキングが一方だけ早く破れるようなことはございませんか？

客　あるある。一方だけ破れてしまって、もう一方は捨ててしまうんだ。

店員　同じ色のを二足お求めになれば、大変**お得でございます**。一方のストッキングが破れたり伝線したりしましたら、すぐとりかえることができますから。

客　なるほど**得だね**。二足買おう。

店員　もう二足お求めになりますと、割引で、その分は一ドル二五セントになります。二五セント節約できます。上等の葉巻二本分のお値段ですよ。

客　じゃ、三足もらおうか――お金を節約することになるな。（店を出て行きながら）この店の店員はいいな。実際、役に立つ。

店員　今日のお客様たちは本当によく買ってくれるわ。

言うべきこととやるべきことを自分自身に教えこむ場合と同じように、人に売り方を教えこむ場合にも、言葉を使わなければならない。そしてこの場合、与えられた販売をするための間違ったやり方と正しいやり方を示してやることが、より早く、より簡単に覚えさせる方法である。

この寸劇は、メイシーズでの上演以後も、ほかのいくつかの小売業のグループの前で演じられたが、その結果はいつも同じだった。――店員たちは笑いながら会場を去っていったが、心の中では人々に買い気を起こさせるフレーズと売り方についてたくさんの気づきがあったようだ。

覚えておくべき原則は次のことだ。販売説明とは、**一定の順序でならべられた「必勝フレーズ」をつらねたもの**にほかならない。

22
海辺で学ぶセールスマンシップ

ヒラメは海でとれる魚で、ロングアイランド近辺にはたくさんいる。

私はヒラメを釣るのが好きだ。動きは遅い魚だが、なかなかおもしろいスポーツだ。平べったい姿をしているので、「玄関マット」と呼ぶ人もいる。下が白くて、背中が黒ずんでいる。これは保護色である。黒ずんだ背中は、上のほうから見ると、よく見えない。

ヒラメは海底近くを泳ぐ。このほうが泳ぎやすくて、潮の動きを利用できるからだ。潮が満ちはじめるとヒラメは少し浮き上がって、潮の動く方向に移動する。

ヒラメを釣るには生きたキリーを使う。ヤナギバエほどの小さな魚だ。その尾のところに釣り針をとおし、キリーが海の底近くに沈むようにオモリをつける。キリーは、自分の尻尾を刺している針から逃がれようとさかんに泳ぎまわる。するとヒラメは、口を開けてキリーの頭をくわえこむ。そして数分じっとしているのである。釣り人にはそれが分からない。

しばらくして、釣り人にも手ごたえが感じられ、釣り糸が上下に動きはじめる。キリーがヒラメの口から逃れようとしているのだ。ヒラメはキリーを逃がしてしまいそうなことに気がついて、今度はキリーを完全に口の中にくわえこんでしまう。

釣り人が糸を動かすのをやめると、ヒラメもキリーを口にくわえたままじっとしているが、糸を動かすと、ヒラメはいい獲物を失うのを恐れて、キリーを完全に飲みこんでしまう。そして自分が釣られるのだ。

熟練した釣り師は、ヒラメのこのくせをよく知っている。だから、イカリをあげて、舟が潮につれて漂うにまかせ、のろまのヒラメがやってきて、海底に漂っているキリーを見つけるのを待っている。ヒラメはやってきて、キリーの頭をくわえる。すぐキリーは逃げ出そうとする。するとせっかくのエサを逃がすまいと、ヒラメはそれを飲み込んでしまう。そして釣られてしまうわけだ。

だから、ヒラメを釣ろうと思ったら、糸を上下に動かしながら、潮にしたがって流して、のろまのヒラメといっしょに移動するのである。そうせずにエサを与えっぱなしにしているだけだったら、ヒラメはキリーをちょっと口にくわえただけで、また放してしまうだろう。

販売も同じ原理だ

この原理は、あなたの友人や同僚に自分の考えを売り込む場合にも、だれかに何かを売り込む場合にも、真理である。相手に、あなたが非常に不安に思っているとか、いくらでも供給できるとかいうことを感づかせたら、相手は買うのを延ばしてしまうだろう。だから、まずあなたが提供するものを相手に味わわせてみる。次にそのエサを相手から取りあげようとする。そして、相手が飛び出してくるのをよく見極めて、それをあなたのセールスのワナにかけてつかまえるのだ。

交渉のときには「もう時間切れだから、この話はほかに持っていかなければならない」と説明して、申し出を撤回するほうがよい場合もあるのだ。ここが、多くの人々に買うことを急速に決意させるポイントである。

もしあなたがお客様に、だれかほかにも二人があなたのサービスを待ち望んでいるということを気づかせたら、彼の関心は急速に高まるだろう。人が欲しいものは自分も欲しいのだ。それが人間の特質である。

群居本能

私たちは群がることを好む。私たちはエルボーバンプ（ひじを軽くぶつけ合う挨拶）を好む。人間がもっている群集衝動である。それは「群居本能」と呼ばれている。羊はひとつところに集まる。他の動物もそうだ。人間も混んでいるレストランに行きたがる。すぐいっぱいになるような、通路の狭い店を好む。だから多くの店は、わざと通路を狭くし、ちっぽけなエレベーターを使っているのだ。人で混んでいれば、その店は良い品を売っていると思うのだ。

ヒラメの話を覚えておこう。お客様というものは、つまるところ、ものぐさなもので、あなたがエサを抜け目なくひっぱったり、上下に動かしたり、よそへ持っていくぞとおどしたりしないかぎりは、とびつこうとはしないものだ。

「ヒラメ型の買い手」に気をつける。そういうお客様を見つけたら、「ヒラメ釣り」の要領でやろう。

「マス型のお客様」を見つけたら、ハエを使って売るのだ。

それから、次の原則を忘れてはいけない。お客様でも魚でも、あなたが欲しいエサではなく、**相手が**欲しいエサで釣ろう。

「あなた」は「私」よりもはるかにお金になる言葉である。

魚の話をもう一つ

数週間前のこと、私は釣りざおを手にして、旧友のJ・A・グロイリッヒを訪ねた。彼は釣りのベテランだ。私たちは運だめしに、新しい釣り場に出かけてみた。エサを買うために釣り宿に寄ったとき、相棒はそこにいる漁師に、食いがいいかどうかを尋ねた。

漁師は「いいですよ」と答えた。

「どんなエサを売ってるのかね?」

「どんなエサをお好みですか? 何でもありますから……」

相棒はこう返事した。「いや、私が好きなのじゃなくて、**魚が好きなの**を聞いているんだよ。このへんでは魚は何に食いつくかな?」

漁師はミミズだと教えてくれた。そこで私たちはミミズを買い、かなりの魚を釣ることができた。

さて、最初はいささかユーモラスだったこの一件は、日がたつにつれて、私にとって次第に新しい光を帯びはじめてきた。私は次の原則をつくった。――魚を釣るには、あなたが好むエサではなく、相手が好むエサを使わなければならない。言い換えれば、私は血のしたたるようなステーキが好きだが、魚はステーキには食いつかないだろう。**魚は魚なりに**好きなものがあるはずだ。

販売にもこの同じ原則があてはまる。お客様が好むエサを使うことだ。だから多くのセールスマンは、事前にお客様の好き嫌いを調べるのだ。もし彼が熱烈なフットボールのファンだったら、フットボールのことを研究しておく。フットボールが嫌いな人だったら、絶対にフットボールについては話さない。

家庭の主婦はだれでも、夫は胃袋でつかむという原則を心得ている。彼女は、夫が嫌いな食べものは決して出さない。

ジョセフ・デイがやったセールス

ニューヨークのやり手の不動産屋ジョセフ・デイが、ニューヨークのエンパイアステートビルの片隅で、エルバート・ゲイリーと新しいオフィスについて話し合っていた。ゲイリーは、会社に入ってきた若い幹部候補たちのために、もっとよい部屋に移ることを希望しているのだが、デイは、ゲイリーを怒らせずに何とかその気持ちを変えさせたいと思っていた。

『人を扱う戦術』を書いたE・T・ウェッブとJ・P・モルガンによれば、デイがゲイリーの気持ちを変えさせた経緯は次のようなものだった。

「君がはじめてニューヨークにやってきたとき、君の事務所がどこにあったか考えてごらんよ」

「なぜだい、このビルの中じゃないか」とゲイリーは答えた。

少し間をおいてデイはこう聞いた。「鉄鋼会社が設立されたのはどこでだったか考えてごらんよ」

「ここの、この部屋の中じゃないか」

デイは、この簡単な二つの売り言葉をゲイリーの心に刻みつけた。たちまちそれがゲイリーの心にぐっときた。そして、ゲイリーはこう叫んだのである。「私たちはここで生まれた、そしてここで育った。ここが私たちのいるべき場所なんだ！」

気を悪くさせずに人の気持ちを変えさせるには、さりげなく「ある事実」をその人の耳に入れ、それにとびつかせることによって、自分で自分の気持ちを変えさせるとよい。

私の同僚ポール・ルイスから、コネチカット州リバーデールに住んでいる彼の知り合いのことを聞いたことがある。この人は、雨の日も、晴れの日も、くもりの日も、冬も、春も、秋も、夏も、一年中釣りばかりしている人だが、彼は一匹釣りあげると、まず腹を開いてみる。そして、その日に魚が食べたエサの種類を調べる。そうすることで、彼は、魚を釣るのにどんなエサを使ったらよいかを知るのだ。

もちろん私たちはお客様を解剖するわけにはいかないが、彼の心の中はどうか、どんな「心のエサ」を好むかは知ることができる。そのうえで、**彼自身の**エサを与えるのだ。

私はたとえスパゲティが好きだとしても、魚を釣るのにスパゲティをエサにしようとはしない。魚が好きなエサを使うはずだ。もし私が得意先を夕食にさそったら、私の好きな料理を注文しないで、**相手の好きな**料理を注文するだろう。

では、彼の好む「心の料理」はどのようにして見つけるのか？　あらかじめ調べておくのである。質問をするのだ。対面にあたっては、感嘆符「！」を使わないで、疑問符「？」を使うのだ。

チェスターフィールド卿（一八世紀イギリスの教養人、政治家、伯爵。数々の思想家や作家、詩人との交遊も有名）はこう言った。「会話の中に出てくるその人のお好みのテーマによって、その人が一番自慢したがっているのは何かを知ることができる」

会話の九九パーセントは、相手にまかせよう。そして、しっかりと耳を傾けることを身につけよう。これが相手の考えていることを見つけ出す方法である。そして、一度それが分かったら、相手が好む「心の料理」を出すのだ。

原則は簡単だ。

「相手に売り込むためには――**相手が好むエサを与えろ！**」

23

「ミス」と「ミセス」

チャールズ・ミッチェル父子は、ボルチモアでリーガルというクリーニング屋を経営している、ボルチモア宣伝クラブのメンバーでもある。私はこの店で話をしたついでに、店の電話で使われているセールストークを調査してみたらどうかとミッチェルジュニアに提案した。

リーガルは進歩的だったので、さっそく、店の注文係とお客様との電話でのやりとりを傍聴できるモニターシステムを導入した。たくさんのデータが集められたあとで、既婚女性のほうが独身の女性よりも多くの注文を取っていることが分かった。

電話では、声しか分からない。既婚女性と独身女性の声を聞き分けるなどということはできない。では、既婚の注文係が注文を多く取る原因は何だろうか？　有名な「ほほ笑みをふくんだ声」が原因なのだろうか？　この原因究明に私たちは数週間かかったが、ついに、次のような興味深い結果を得た。

女性は「ミセス」からの電話を切らない

経験によると、お客様に電話して、「こちらはリーガルランドリーのミセス・スミスでございます」

と言うと、電話に出たお客様はそのまま電話を切ってしまうのをためらうようである。既婚女性はいたわってあげなければならないと感じるらしい。なぜなら、自分も結婚しているのだから！　おまけに、独身の女性が洗濯のことなど何を知っていようか？

このような経験をふまえたうえで、私たちは、電話係全部に対して、「ミス」のかわりに「ミセス」を苗字の上にくっつけて話すように教育した。

この一語のおかげで数千ドルも売上が伸びたのである。

お手伝いさんが電話に出たときは

お手伝いさんが電話に出ることもよくある。この場合、リーガルの電話係は、ごく簡単にこう言うように教育されている。

「どうぞ奥様にミセス・スミスから電話がかかったとお伝えください」

今度も「ミセス」が魔法の働きをするのである。

奥様が出てくると、電話係はこう言って彼女の直接の注意をひきつける。

「お洗濯とドライクリーニングのことでお電話申し上げました」

この罪のない言葉に対して、だれが黙って電話を切ることができるだろうか？　そんな人はほとんどいないはずだ。

その次に、注文を取るのにはどんな言葉を使って勧誘すればいいか見当をつけるために、お客様が毎週どこでどのようにして洗濯をしているかを知ることである。この情報をつかむ言葉は、次のようなものだ。

「奥様、お洗濯物は外に出していらっしゃいますか、それともお宅でなさっていらっしゃいますか？」

相手がどう返事しようと、これで、リーガルに洗濯を出せばどんなに得かということを説明するチャンスがつかめたわけだ。

売り込むのはこんなに簡単なことだ。めんどうなことなど、どこにあるだろうか？

反対を克服するには

ところで、相手の奥様はどれだけの反対を述べることができるだろうか？　四〇の抵抗——四〇の反対があり得る。そのいくつかを挙げれば、次のような反対だ。

●自分で洗濯します。
●クリーニングに出すと生地を傷められるから……。
●クリーニングに出すと、洋服をなくされることがあるから……。
●クリーニングに出すと、いつまでもかかるから……。
●今のクリーニング屋で満足しています。
●クリーニングに出すと、洋服を取り違えられるから……。

●ほかのお店のほうが安いので……。

これらの反対には、いずれもすじのとおった答えが用意されている。電話係の前には、四〇の反対とその「必勝の答え」が用意されているのだ。台所口で売る場合にも、電話で売る場合にも、売場で売る場合にも、同じように通用する効果的な売り言葉がある。

それは次のようなことだ。あらかじめ相手の反対を察知して、それに対する**答えを用意しておく**こと！

いくつかの実例

次に、クリーニングへの反対に答えるいくつかの「必勝の答え」を挙げてみよう。

反対　クリーニングに出すと、品物をなくすことがあるから……。

答え　リーガルでは、郵便局で使っているような四重チェックシステムを用いております。

反対　クリーニングに出すと、品物を取り違えられるから……。

答え　リーガルではお宅ごとに別のおけで洗いますから、洗濯物がよそのお宅といっしょになることは決してございません。

反対　クリーニングに出すと、生地が傷むから……。

答え　軟水で中性洗剤を使いますので、お宅で水道の硬水をお使いになるのに比べて、はるかに生地を傷めずにすみます。

あらゆる反対に答えが用意されている。ひとり静かに座って、出てきそうな反対を一つ一つメモし、それに対する適切な答えを考え出す。このようにしてあらかじめ準備しておけば、「販売は断られたときから始まる」という言葉が真理だということを、実感として悟ることができるだろう。

覚えておくセールス訓は次のとおりだ。お客様の反対をあらかじめ調べておき、それに対する答えを準備しておく。そして反対の最初のきざしが見えたら、ただちにそれを使おう。

裏口に来る男

クリーニング、牛乳、パン、その他もろもろのサービスを売り込みに裏口から来る男は「一〇秒の原則」を心得ている。彼らには、自分の職業を名乗り、訪問の目的を告げるのに、一〇秒しか与えられていない。

リーガルのやり方はこうだ。裏口の戸をたたき、中から返事があったら、洗いたてのシャツをよく見えるようにひろげて、こう言う。

「これはリーガルのクリーニングの見本でございます。ご近所では皆様にご利用いただいております」

続いてすぐ、偵察用の疑問符原則を使って、こう言う。

「ご主人のワイシャツはお宅でお洗濯なさいますか、それともお店にお出しになりますか?」

返事はどちらでもかまわない。これでセールスはうまく進むのだ。（ホイラーの公式第四条「もしもと聞くな、どちらと聞け！」）

このように、最初の一〇秒――最初の一〇語に気をつけなければならない。常に覚えておくべきポイントは、次である。

最初の一〇語は次に続く一万語よりも重要である！

24

「ジョンストン老人」のパイプタバコを売る六語

クリーブランドのタバコ職人であるC・E・ジョンストンは、ある大きなタバコ会社に五〇年間も勤めていたが、ある日解雇された。「ジョンストン老人」は、働くにはもう年をとりすぎていると判断されたのだ。

だが彼はあくまでも働き続けるという固い決意のもと、いろいろな電気製品を戸別訪問で売り始めた。しかし、こういうものは「反復販売」がきかない。一度売ってしまえばそれまでなのである。同じところに二度も三度も売ることはできなかった。

彼はほかの道具類も売ってみたが、あるとき急にタバコ職人として五〇年の経験を生かそうと決意した。当たり前のことなのだが、それを思いつくのに五〇年かかったわけである。彼は二二ドルを投じてアイルランドタバコを買った。そしてそれを混ぜ合わせて、パイプ愛好家ならだれでも好みそうな、味のよいパイプタバコをつくりあげた。

「君のところのタバコは高すぎるよ」

彼は良い原料だけを使った。良い原料は高いわけだから、タバコの値段も相当なものになる。そこで彼は、一ポンド三ドルという値段をつけた。当然、値段に対する苦情が出た。それは彼が前の勤め先で五〇年間聞き慣れたものと同じ苦情だった。人々はこう言ったのである。「ジョンストンさん、君のところのタバコは、質は良いけど、いつも吸うには高すぎるよ」

行く先々でこう言われては、ジョンストン氏も意気消沈せざるを得ない。彼の言うところによれば、最初の注文を取るのに四二日かかったそうである。

ある日彼は、ふとしたことから反対に対する答えを思いついた。試したところ、それが大当たりしたのである。彼のタバコは高くないどころか、実際は安いのだということを、人々が信じ始めたのである。

六語の簡単なフレーズ

彼は六語の簡単な必勝フレーズを使った。こんな様子だ。——お決まりの反対文句を聞いたら、お客様に「紙巻タバコを一本ください」と言う。彼はその紙巻タバコを芝居っ気たっぷりに手に持つ（これが「花を添えて言え」だ）。それからこう言うのである。

「紙巻タバコは　一ポンド　九ドルも　するのを　ご存じ　ありません？」

お客様はギクッとする。何だって？　一ポンド九ドルだって！　紙巻タバコがパイプタバコよりもずっと高いなんて、考えてもみなかった！

この「必勝フレーズ」を投げかけられると、パイプタバコが――一番高いパイプタバコでさえも――いかに安いかということが、お客様に初めて分かるのである。そして、アイルランドタバコを原料にしたジョンストン氏の上等なパイプタバコは一ポンド三ドルもするが、それでも紙巻タバコよりもポンドにして六ドルも安いのだということに突然思い至るのである。

この必勝フレーズで一六〇〇人のお得意ができた

ジョンストン氏は、過去三年間にクリーブランドの約一六〇〇人のビジネスマンをお得意とした。だれもがジョンストン氏を知っていて、その会社に行くと歓迎してくれた。

それまでに五〇年かかったが、このよく考えられた六語がジョンストン氏のために数百ポンドのタバコを売ったのである。

彼がつくったタバコを吸ってみれば、きっと好きになるだろう。――そして同時に、齢七十になって**「あなたが言うことにお客様がどう反応するかを考えろ」**という原則を発見するのに今からでも遅くはないと実証した老人のことも好きになるだろう。

25 お客様をひきつけるちょっと変わったセールストーク

私はいつも「ドアを開かせる」科学に興味をもっている。それは、オーブンではケーキを焼いており、学校に行く二人の子どもの仕度をしてやらなければならない、忙しい主婦のところにあがりこむ素晴らしい技術だ。

最近私の注意をひいた最も興味深いドアを開かせるテクニックの一つは、教育用図書のセールスマンが使っている次のようなものだった。

セールスマン　（ドアをたたいて）お宅にはドロシーさんというお嬢様がいらっしゃいませんか？

主婦　（いぶかりながら）いいえ、うちはハロルドという男の子だけですわ。

セールスマン　はあ、ハロルドさんとおっしゃるんですね。ぼっちゃんは歴史が不得意だったのではございませんか？

主婦　いいえ、知らないわ。苦手なのは作文だと思ったんだけど。

セールスマン　ぼっちゃんが学校で作文にいい点をとれる方法をお知らせしたいんですが……。入ってもかまいませんでしょうか？　ほんのちょっとです。

主婦　（エプロンで手をふきながら）そうですか。じゃ、おあがりになって。

人の気をひきつけるテクニックは、簡単なものであることが多い。だれもが考えつくような簡単なことなのだが、まだだれもがやったことのないような独創的なことなのである。だが注意してほしい。相手をだますのは絶対にいけない。もしその策略が見破られたら、間違いなく大変なことになる。

「ちょっと走れば」

ある洋服店では、次のような貼り紙を店に出して、好評を博したことがある。

「ズボンのプレスをいたします――片方一〇セント」

ばかばかしいって？　おっしゃるとおり。だが、これこそ一秒かからずに言える、電報形式の言葉ではないか。

私が知っているある戸別訪問のセールスマンは、裏口でお客様に断られると、玄関にまわって、こう言うことにしているという。

「今日は裏口からはお断りだとは存じませんで、失礼しました。今度はちゃんと表口から伺いました」

まさかと思うだろうが、彼の場合には、これが効果があったのである。

ある不動産のセールスマンも、この手の軽い冗談で逃げている。彼はいつもお客様に向かって（もちろんほほ笑みを浮かべてだが）、こう言う。「このきれいな家は、ロングアイランド駅からわずか五分のところにあります。――**もっとも、ちょっと走らなければなりませんが**」

私が知っている別の不動産セールスマンはよくこう語ったものである。「もしその家に二・五メートルのクローゼットがあれば、私は家をまるごと売却してみせるのだが……」

私が聞いた話をもう一つ披露しよう。ニューヨークのあるデパートの経営陣が、ピアノの仕入係に、一八カ月払いでピアノを売るのはダメだと厳命した。それでは資金が寝すぎるからだ。経営陣は、普通行われている一八カ月払いのかわりに、一二カ月払いでピアノを売り出せというのだ。そのころニューヨークでは、どこでも一八カ月払いで買うことができた。仕入係はしばらく考えてから、負けずに次のような一ページ広告を出した。

「丸一年払い」

人々はこの広告を読んで、こう言った。「丸一年払いだって？　たしかに消費者のことをよく考えてくれている」。売上は増加した！　これは不利な条件を逆手にとって「シズル」に転じた例である。

ピアノを売るな、丸一年払いを売れ！　である。ピアノにさえも「シズル」があるのだ。

「セールスマンお断り」

フーバー社のW・パウエルは、入り口に「セールスマンと物乞いお断り」と貼り紙をしている家の九二パーセントに売り込んだ人である。どうやってそんなことができたのかと尋ねると、彼はこう答えた。「こういった人たちは、もともとセールスマンの勧誘には弱い人たちで、これまで訪ねてきたセールスマンたちからさんざん買わされたので、自己防衛のためにこんな紙を貼りつけているのさ」

ケン・グードと共同で『ビジネスにおけるショーマンシップ』という本を書いたゼン・カウフマンは、ある電気冷蔵庫のセールスマンのことを書いている。このセールスマンは、電気冷蔵庫の性能の良さを説明するのに、大きなマッチを擦って、こう言った。「このマッチが燃えるように音を立てません」

ニューヨークのある有名デパートでは、私たちがつくった、小さな荷物をお客様に自分で持ち帰るように勧める「必勝フレーズ」を店員たちに使わせて、約七〇〇〇〇ドルもの配送費を節約した。

例えば、母親に連れられてきた少年が服を買ったとしよう。店員はすかさずこう言う。「ねえ、ぼく。この服を今夜着てみたいでしょう」。少年はたいてい「うん」と答える。すると母親はこう言う。「じゃあ、自分で包みを持つのよ。お母さんは手がいっぱいなんだから……」

「外出の機会が多くはございませんか?」は、私たちがヘアブラシ会社のために最近行なったテストの結果、お客様の注意をひく効果が大きいことが証明された売り言葉である。

「今お使いになっているブラシには、このようなウェーブ状の毛が植えてありますか?」も、ブラシの売上を増加させた。また、「ブラッシング中に髪の毛が切れることはございませんか?」は、ニューヨークのロード&テイラーとギンベルズの両百貨店で、三日間でブラシの売上を二倍にした。

運送業の売り言葉

全国の有力運送会社で組織されるメイフラワー運送業者協会の副理事長ブエル・ミラーは、私たちとともに、運送に必要な費用を聞かれたときに見積係が言うべきこととやるべきことを考え出した。

この調査はごく最近したばかりなので、この業界についての私たちの発見も、まだ十分に整理されてはいない。だが非常にうまくいきそうな「シズル」がひとつある。それは、見積係が、そこの主婦が大事にしていると思われる家具を指さしてこう言うのだ。「これは素晴らしいお品でございますね」

この言葉で、見積係が家具のことをよく知っていることが分かる。そこでまず、仕事を依頼する前に必要な安心感が得られるわけである。この販売原則は、お客様に信頼感を与えることによって、運送にまつわるいろいろな心配を取り除くのに大いに役立っている。

次に、運送をするために運転手がやってくると、彼らはこう言って台所の流しで手を洗うように言いつけられている。「私たちは、お客様の家具に触る前に必ず手を洗うように言われておりますので……」。この言葉で運送会社に対する信頼はますます高まる。このようにお客様の心に安心感を与えることで、商売はいよいよ繁盛するというわけである。

「止まれ、見ろ、聞け」

次のような三つの一見平凡な言葉が、人々をひきつけるためにわざわざつくられた「必勝フレーズ」であることをご存知だろうか？

●値引きなし

●前金不要
●サンプル無料送付

　こういった表現はどこでも見受けられるので、私たちは、それが「セールストーク」で、しかも必勝のものだとは考えてもみない。

　こういう話を聞いたことがある。ニューヨークの地下鉄には体重計が置いてある。あるとき、料金の投入口の表示を「一セント投入口」から「コイン投入口」と変えてから、一〇〇のコインのうちに数個の五セント白銅貨、またときには一〇セント銀貨がまじるようになったそうだ。おまけにコインの数も増えたという。

　以前は、例えば五セント硬貨しか持っていないが体重を計りたいと思った人は、ペニー硬貨以外のコインを入れたら、機械を壊しはしないかとか、計れないのではないか、ということが心配だった。表示を単に「コイン投入口」と変えてからは、五セント硬貨を入れようが一〇セント硬貨を入れようが、普通のペニー硬貨同様に何の差し障りもないのだということが分かった、という次第である。

赤毛の少年

　これも人から聞いた話だ。職を探しているある若者が、面接会場へ行ってみると、自分の前に志望者の長い行列が続いていた。彼はそれを見るなり、すぐ電報局にとんでいき、次のような電報を打ったそうだ。

「サイヨウヲオキメニナルマエニ　ギヨウレツノサイゴニイル　アカゲノショウネンニオアイクダサイ」

手紙に書かないで、文字どおり電報を打ったのだ！　そして彼はその職にありついた！

買っていただいた機械に「サービス」すると言ったほうが、それを「修理する」と言うよりもずっと聞こえがよい。だから「修理部」という名前でなく「サービス部」という名前になっているのである。

「猛犬注意」と書いたほうが、ただ単に「犬にご注意ください」と書くよりもずっと効果的である。

次に挙げるのも、ありふれた表現だが、これが人々をひきつける必勝フレーズであることに気づいている人は少ない。

●安全第一

●現金不要

●これなしでは過ごせない

間違いなく人々に金を儲けさせる風変わりな言い回し、おかしい言葉、独特のフレーズは、何百とある。人々はずっとそれを使い続け、多くの注意をひきつけているのである。「魔法の言葉」ではないが、「言葉の魔術」のせいなのだ。

次の言葉を除いては、セールス用語のコレクションも完璧とは言えないだろう。

●あなた自身の銀行の社長となりなさい
●私がこれまでに持った最高の通帳（銀行通帳の広告）
●苦労して長い時間をムダにしないでください。この洗濯機なら一時間ですっかりすませてくれます
●結婚は神がおつくりになるが、結婚指輪は私たちがつくります
●あなた自身の主人であれ

ウォルター・ウィンチェルの最近の話では、ブロンクスのある美容院で、次のような広告を出した。

●パーマ――三ドル

すると、隣の競争相手がこういう広告で逆襲してきた。

●パーマ　五ドル――しかしいつまでもとれません

ブロンクスにおいても、**言う内容とそれを言う言い方で**すべては決まるのだ！

26

言い方を変えて売上を増やしたタバコ売りの少女

あるとき私たちは、スタットラーホテルチェーンから、タバコ売りの少女が使う新しいセールストークを工夫する仕事を依頼された。この問題を少し研究してみて、もはや「タバコに葉巻」という売り声は、食堂で考えごとをしていたり、話に夢中になっている人々の注意をひけなくなっていることに気がついた。

鉄道の近くに住んでいる人々は、すぐ列車の汽笛に慣れてしまって、不感症になるものだ。ホテルで食事や会話やダンスに夢中になっている人々にはタバコと葉巻を持った少女など見えもしないし、聞こえもしない。

あるとき、言葉をほんの少し変えることでどんな成果があるかをテストするため、ニューヨークのペンシルバニアホテルの売り子に次のように言わせてみた。

「タバコと葉巻のどちらになさいますか？」

これを、テーブルについているお客様によく見えるようにタバコの包みを差し出し、「花を添えて」言わせたのである。私たちはまた別の「注意をひく言葉」も試してみた。

「タバコに葉巻に**アーモンド**」

ほんの少し変えただけなのだが、これで売上が増加した。というのは、若い女性たちは、この新しい売り声で注意を新たにされたからだった。

このことは、言うことの内容と同じように「言い方」も大事だ、という私たちの公式第五条をよく表している。

あたたかい栗の販売

適切な表現を用いることは、広告の場合でも重要である。

街角で焼き栗を売っている屋台の看板にこういうものがあった。

●あたたかい栗

これはさっぱり売れなかった。ところが、七番街に出ていた焼き栗屋は、次のような看板を出して大当たりしたのである。

●ホクホクの栗!

少し前のことだが、ある小さな一〇セントストアが、店の入口のところでアイスクリームサンドイッチの販売をすることにした。マネジャーは時期を見はからってアイスクリーム冷却器を入口に取り付け、アイスクリームをその中にたっぷりと仕込んだ。売り子にはかわいい女の子を雇った。どの一〇セントストアの前にも立っている例のスタンドだ。そして次のような看板が出された。

●町で一番のアイスクリームサンド――五セント

どこの店でも、アイスクリームは年々売上が伸びているのだが、この店ではそうならなかった。その原因を追究した結果、次のようなことが判明した。お客様はアイスクリームサンドを買うと、そこに立ったまま食べるのである。

歩き食いアイスサンド

最初は、人々がアイスクリームサンドを食べているのが見えるのは良い広告になった。ほかの人も買って食べたくなるように刺激するからである。だが間もなく入口がひどく混みだして、買い物客は店の中に入りづらくなった。多くの客がそのために引き返した。店の入口を空けておいて、同時にアイスクリームサンドを売ることが、マネジャーにとって重大な問題となったのである。

しかし、アイスクリームサンドに別の名前をつけたことによってこの問題は一挙に解決した。さて、どんな名前だろうか？

何と、**「歩き食いアイスサンド」**だったのである。

これでお客様は、歩きながらでも食べられるのだ、ということを思い出した。それを買ったら、ぐずぐずしていないで立ち去っていく。店の入口が空いて、あとから来たお客様もアイスクリームサンドが買えるようになった。

行動を暗示したフレーズが、行動を引き出したのだ！

クシ物語

ある街角でひとりのセールスマンが、クシについて熱弁をふるっていた。どうもこの男、「ビジネス」（business）という単語の中でさえも、「ユー（u）」が「アイ（i）」よりも先にあることも知らないようだ。「手紙を書くな、電報を打て！」という原則など、もちろん分かろうはずがない。パラパラと集まった見物客に向かって、このクシは「一生の間もつ」とか、「頭皮をマッサージする」とか、「欠けたり、曲がったり、折れたりしない」とか述べていた。

だが感心なことに、「花を添えて言う」ことだけは忘れないで、台の上にクシをたたきつけて見せた。トンカチでたたいて見せた！　たしかにドラマチックな演出だ。しかし、彼は「シズル」をつかんでいなかった。だからクシもまったく売れなかった。彼は「このクシは、ほかのクシにはできないことを何でもできる」とは言ったが、大事な点、つまり「シズル」を見逃していた。とうとうある日、無邪気な男の子が、パラパラといる見物人の陰から声をかけた。

「だけどさあ、おじさん。**それで髪はとかせるの？**」

おしゃべりもいいが、こんな簡単なセールスポイントも忘れてしまうようでは困ったものだ。味を殺してしまうほど、ステーキの上にソースをかけるものではない。「シズル」を売るべきで、言葉の**あや**を売るべきではない。

「シズル」は牛よりも**ずっと重要**なのである！

有名な週刊誌を売り歩いてる新聞配達の少年は、女性客の直接の注意をひきつけるために、こんなセールストークを使っている。

「奥様はおもしろい物語がお好きではありませんか？」

この誘い文句に対して「ノー」と言う女性はいないようだ。

田舎へ行くと、にわとりにエサをやるとき、「トー、トー、トー」と呼ぶ。「トー、トー」は単純な言葉だが、**適切な**言葉だ！

「シズル」を見つけ出せ

ときには、自分の仕事、自分の生活に密着しすぎているために、かえって「シズル」を見失うことがある。そんな場合には、それを指摘してくれる人が必要である。山の住人は、一望の下に見渡せる眼下の景色などは意に介さず、できるだけ絶壁から離れたところに家を建てようとする。素晴らしい景色にはいつも見飽きているので、特に見たいとは思わないのだ。

銃を持ったセールスマンが、会社のタイピストにこんなアプローチをした。

「このへんで機関銃のご入り用はございませんか?」

おどろいた彼女は、どういうつもりでこんなことを言うのかといぶかりながら、それでも全身の注意をこめて、「もちろんありませんわ」と答える。一〇秒でもお客様の完全な注意をひきつけた男は、鉛筆を何本か差し出して、こう言う。

「でも、鉛筆のご用ならおありでしょう!」

だが、もう一度注意するが、見えすいたトリックは使わないことだ! しっぺ返しが来るにきまっているのだから!

こんな言葉を使って、お客様に「ノー」と言う口実を与えてはいけない。

●ほかに何かございませんか?
●今日は何かございませんか?
●これだけでしょうか?

「ノー」という二文字の否定語で答えることができないような質問をしよう。

●ほかに何か?

と軽く言うのである。こうすれば、相手は「ほかに必要なものはあったかな？」と考えはじめる。とっさに「ノー」と言うことはできない。もちろん、可能なときはいつでも、あなたが売っているものについての一〇秒のセールストークを述べよう。そして、ステーキではなくシズルを売ることで、ワインではなく泡を売ることで、コーヒーではなく風味を売ることで、ピクルスではなくそのシワを売ることで、売上を増やすチャンスをふくらませよう。

「五日間で足のタコが消えなかったら、お代はいりません」は、テスト済みの昔の有名なキャッチフレーズである。ほかに言いようがあるだろうか？　一〇秒という短時間で言うことができる。保証という「花を添えて」言っている。足にタコができている人にとっては素晴らしい「シズル」ではないか！

人に売るのは簡単だ。わざわざ難しくする必要はどこにもない。次のことを覚えておこう。

セールストークは値札よりも強力である。

27

人を雇う、もしくは人に雇われるための必勝テクニック

最近、ニューヨーク販売協会が、求職者は何をするべきか、また経営者は求職者のどこを見るべきかについて、現代流のやり方の研究を私に依頼してきた。

この研究は、マグロウヒル出版社のセールスマネジャーであるA・W・モリソンと、メタルプロダクツ社の社長であるウォーレン・リシェルの有能な二名の協力のもとに進められた。

私たちは数百の事例を分析し、協会が持っているセールスマンの人事相談の記録などもあさってみた。

明らかになった四つの原則

私たちの発見によれば、人々にシャツやネクタイやボートや自動車を買う気にさせるのと同じ原則が、経営者が会社を運営するために人を雇う場合にも、求職者が職業につく場合にも使われていたのである。

職を得るための四つの必勝原則とは、次のようなものである。

①　あなたの一〇秒間のアプローチに注意しろ。
②　「ユー能力」を持て。
③　「メッシュ能力」を持て。
④　「クローズ能力」を持て。

私たちの事例研究によれば、多くの雇い主は、最初の一〇秒間に応募者を判断するようである。その人の外見や人柄を、一瞬のうちにつかみとり、その人の最初の一〇語で良い印象を持ったり、悪い印象を持ったりするのである。

残念ながら、まだ**瞬間の判断が世の中を支配している**ようだ！

だから、求職に成功しようと思ったら、まずあなたの言葉に注意することだ。

「ユー能力」とは、応募者が、面接の初期段階で、すばやく机の向こう側にいる経営者の側に立つ能力のことである。セールスの場合と同じように「アイ（私）」という言葉のかわりに「ユー（あなた）」という言葉を使うことは、机の向こうにいる経営者側にあなたを立たせる一つの方法である。

「メッシュ能力」とは、応募者が、雇い主の心の中にある「考えの歯車」と自分の考えの歯車とを「かみ合わせる」能力のことである。また採用後は、会社の方針や社員たちと歯車をかみ合わせる能力のことである。

「クローズ能力」とは、言うまでもなく、どちら側にも満足のいく結果で面接を終了させる能力である。

私たちの見たところでは、例えば給与の問題は、よほどうまくやらなければ、どちらの側にとっても困った問題となる。「クローズ能力」を持っていれば、就職もより早く決まるだろう。

「プロ」求職者

このようにして、人を雇う、もしくは雇われる方法を研究しているうちに、偶然、いくつかの興味深い事実が分かった。そのうちの一つは、ある種の流れ者の求職者がいるという発見である。彼らは、求職のテクニックを実に巧みに身につけており、いわば「求職のベテラン」である。職を得るための「必勝テクニック」と「必勝フレーズ」を身につけている。すぐ職にありつけるが、困ったことに、それが長続きしないのだ。小ざっぱりした身なりをし、必要なときにはいつでも感じのよいほほ笑みを見せる。経営者が考えていそうな質問は何でも分かっている。雇い主の前に出たら何を言い、何をすべきかもよく心得ている、「戦場慣れした」求職者なのだ。

次の寸劇は、職を探しているときに使うべき言葉とテクニックを芝居の形で示したもので、販売幹部協会の集会のために書き下ろされ、そこで上演されたものである。

この寸劇を読んで、万年求職氏がなぜ面接早々に失敗したかをよく見てほしい。彼はいろんな間違いを犯した。その一つは、自分の個人的トラブルを語ることで雇い主の同情を得ようとしたことだ。

次に、優等生氏の面接のやり方を見てほしい。いかに未来の雇い主の関心をすばやくひきつけているか、短時間にすばやく机の向い側の雇い主の側に立っているか、そしてついに職を手に入れるまでだ。

人を雇う方法、もしくは人に雇われる方法

経営者は応募者のどこを見ようとするか？　応募者は雇い主のどこを見ようとするか？

①経営者は何に気をつけるべきか――別名、職を失う方法

舞台……アメリカサービス社の事務所。消費者に無形商品を売っている会社である。

リシェル氏……典型的なアメリカの経営者を演じる。

ホイラー氏……①では、万年求職氏――どんな答えでも知っている戦場慣れした求職者を演じる。

経営者　（机に座っている。電話が鳴り、応答する）もしもし。え、求職者だって？　区議会議員の紹介か。よし、通したまえ。

万年求職氏　私の名はこういうものでございます。私はこれまでフーシットクラッカー、ホワッツインイットビール、フライデー漁業などに勤めておりました。

経営者　なるほど。

万年求職氏　リシェルさん、私はどうもこれまで勤め運がございませんでね。去年一年は無職でした。おかげで借金もだいぶかさんできまして……。この間マーフィさんとちょっとビールを飲む機会がございましてね、あの区会議員の方です。自分の名前を使ってもいい、そして職のことであなたにお会いするようにと言ってくれました。ときに最近、仕事

経営者　の様子はどうですか？

万年求職氏　うまくいっていますが。マーフィさんはいかがですか。
私もこれまでいい仕事についたんですが、どうもめぐりあわせが悪くて……。しかし、推薦状は若干持ってまいりました。
これがフーシットクラッカーの推薦状です。ここでは、上役のお子さんが大学を卒業して会社に入ることになったので、私が辞めることになったのです。
これがホワッツインイットビールのものです。コンベンションのあとで上役といっぱい飲みましてね、そのときちょっと上役とやりあったんですよ。それで辞めることになったのです。
それからこれは、最後の会社、フライデー漁業の推薦状です。ここでは私は少し大物すぎたんですよ。

経営者　（推薦状を読む。「本状の持参者は、四月一日から四月二十一日まで、セールスマンとしてわが社に勤務し、やむを得ぬ都合により退職。フライデー漁業セールスマネジャー」）この仕事にはあなたは大物すぎたとおっしゃっていましたが……？

万年求職氏　会社の方針と私の意見が食い違いましてね。上役は私の意見を聞かないんです。

経営者　ふーん、どのくらい勤めましたか？

万年求職氏　はい、三週間で私には**もうたくさんでした**。

経営者　いや、**私もこれでたくさんです**。どうもご苦労さん。

万年求職氏　そうですか、どうか私の名前をご記憶願います。採用が決まったらすぐお知らせください。（去りながら、ひとりごと）景気がいいと言ってたんだがなあ。

②経営者はどこを見るべきか——別名、職を得る方法

舞台……前と同じ。
リシェル氏……前と同じ典型的なアメリカの経営者を演じる。
ホイラー氏……優等生氏を演じる。
モリソン氏……「経営者の陰の声」を演じる（経営者が考えていることを示すために、雇い主の後ろに字幕をかかげて見せる）

経営者　（電話が鳴る。応答する）もしもし、優等生氏が来た？　会社のためのディーラー計画を持ってきたと言うのかね？　通したまえ。
優等生氏　リシェルさんですか？（手をのばす）
経営者　お名前は？
優等生氏　こういう者でございます。
経営者　私が何かお役に立てますかな？
優等生氏　リシェルさん、秘書の方にも申し上げましたように、私はあるディーラー計画を持ってまいりました。これは、御社の問題に役立つだけでなく、私自身のためにも役立つものです。

経営者　うちの問題と言うが、どんなことをご存じかね？

優等生氏　基本的には、あらゆるディーラーが抱える問題はほぼ同じです。そうじゃないでしょうか、リシェルさん？

経営者　それはそうだが、うちにはうちの悩みがあるんでね。うちの問題はまた違うよ。

優等生氏　リシェルさん、もちろんどんな製品にもサービスにも、それぞれ特殊な問題はございますが……。ところで、おたくの悩みの種とおっしゃるのは、何でしょうか？

経営者　うちの最大の問題は、どうやったらディーラーがうちの品を本気になって売ってくれるかということだね。

優等生氏　リシェルさん、あなたは、オールウェイズプログレス社がその問題を解決したやり方にきっとご関心をもたれると思いますが……。

経営者　なるほど、どんなことをしたのかね？

優等生氏　私どもセールスマンを、ディーラーといっしょに働かせたのです。

経営者　ディーラーといっしょにか。なるほど、うまい表現だね、君。どんなふうにやったのかね？

優等生氏　最初に私どもはディーラーの問題を研究しました。そこの店へ行って、そこの売り場に出て、そこのお客様に直接会って研究したのです。私どもは三つの重要な発見をしました。それをこの推薦状のなかに簡単に書いてまいりました。（意見を書いたもの

をリシェル氏に渡す）

経営者　別の言葉で言うなら、ディーラーがみずから助けるのを助けたわけだな。もちろんそのディーラーは君から買ったのだろうね？

優等生氏　はい、そのとおりでございます。ご承知のように、どんな立派な商品でも、何もしないでいて売れるわけではございませんし、どんな立派な注文書でも、ひとりでに署名されるものではございません。

私どもは、セールスマンとして、私どもの本当の仕事は、品物がディーラーの棚に並べられた後で始まるのだということを悟りました。私どもの仕事は、お客様に買わせるセールスの必勝法をディーラーに教えることによって、商品が棚から動くのを手伝うことだったのです。

そこで私どもはディーラーと一緒に働いたのです。ただディーラーの尻をたたいて回ったのではありません。

経営者　（興味を示して）ディーラーと一緒に働くようにセールスマンを訓練することが、うちの会社でもできるだろうか？　何か特別なやり方があるんだろうね？

優等生氏　おたくのセールスマンがディーラーに何かを言わなければならない、またディーラーはおたくのサービスを売るために消費者に何かを言わなければならないかぎり、**何を、いかに言うべきか**をディーラーに教える。この必勝計画が役に立つと思います。

経営者　なるほど。だが、この新しい計画が私たちに役立つという保証があるのかね？　知っ

優等生氏 てのとおり、うちの仕事は特殊なんでね。社長に話すには、何か証拠がなければならないんだ。

経営者 実験を懸念なくやれるような、条件の悪いエリアがどこかにありませんか?

優等生氏 なるほど、あるある。これ以上悪くなりっこないというところがあるよ。

経営者 結構です、リシェルさん。そのエリアに私を差し向けてください。実費と売上による適当な手数料をいただければ結構です。**私が立派にやってご覧にいれましょう。**

優等生氏 いつから始められるかね?

経営者 現在の勤め先で少し仕事が残っていますから、一カ月後ではいかがでしょうか?

では、社長の部屋へ行こう。

まとめ——人を雇い、もしくは雇われる場合に知っておくべき四つのことは、次のことである。

① 一〇秒間のアプローチ
② 「ユー能力」
③ 「メッシュ能力」
④ 「クローズ能力」

あなたの売るものが、有形商品であろうと無形商品であろうと、物であろうと**あなた自身**であろうと、必勝フレーズと、販売の必勝テクニックの知識が大切である。言葉はあなたの考えを運ぶものだ。あなたは、あなたの考えを旧式の蒸気機関車で送ることもできるし、最新の流線型列車で送ることもできる。流線型の列車なら速く走れる！　それを使うのが一番ではないか！

28

タバコ屋の看板インディアン像はタバコを売らない

ある日、私の事務所に一人の保険セールスマンがやってきて、こう尋ねた。「あなたの一番仲の悪い人はどなたでしょうか?」

これには私も驚いた。「お客様」を探しているのだということは分かったが、普通、保険セールスマンといえば、友人とか知人とか親戚の名前を聞きたがるものだ。なのに、この男は私の「一番仲の悪い人」を知りたいと言うのだ。

そのわけを尋ねると、彼は、友人の名前を聞こうとすると抵抗が多すぎるからだと説明した。だれでもセールスマンが自分の友人を訪問するのを喜ばない。そこで彼は「一番仲の悪い人」作戦を思いついたわけだ。これはなかなか効きますよ、と彼は言う。

生命保険のセールスマンがお客様の口を開かせるお得意の方法は、誘導質問をすることである。例えばこんなことを尋ねる。「ご結婚なさっていらっしゃいますか?」「お子様はいらっしゃいますか?」「お子様は男の子ですか、女の子ですか?」「お子様はいくつでいらっしゃいますか?」

お客様は、こういった質問につい答えているうちに、相手のペースにまきこまれ、同時に、必要な情報をセールスマンに与えてしまうことになる。

良い誘導質問

別の保険セールスマンは次のような誘導質問を得意としている。「あなたに万が一のことがありました場合、お子様たちに何を一番残しておきたいとお考えですか？」

たいていの人は「たくさんのお金」と答えるが、このセールスマンはゆっくりと頭を振ってこう言う。「それはいけません。最悪のものですよ。そんなことをなさればお子様を堕落させてしまいます。お子様に最も残しておきたいのは、お母さんの**十分な時間**です。家計の問題などに悩まされることなく、お子様をあなたのご期待どおりの立派な人に育ててあげることができる**十分な時間**でございます」

また別のセールスマンは、販売が脇道にそれそうになると、お客様をひきつけるために次のような「必勝フレーズ」を使う。「ところで、血圧が高くおなりになってからどれくらいになられますか？」それからこう言うのである。「この検査にパスできますかねえ？」こんなふうに健康の話を持ち出されると多くの人はムキになるそうである。

このような「力を持った言葉」を、いつ、どのように効果的に使ったら人をその気にさせることができるのか、そのやり方を知っているのは木製のインディアン（昔、米国のタバコ屋の前にはインディアン像が置いてあった）ではなく、ピチピチした生きた人間である。お客様がいくつかの違った商品を見て、「どこが違うの？」という昔からある例の質問をしてくるときなどは特にそうである。

ある日、本のセールスマンが私の事務所にやってきた。私は今は非常に忙しいから話してる暇などないと告げた。すると彼はこう言ったのである。「お忙しいのはよく存じております。私は多忙な人だけをお訪ねしているのです」。彼が私の注意をひきつけたのは言うまでもない。

「お嬢さん、お母さんはご在宅ですか?」

という古くから使われてきたフレーズは、多くの玄関先で効果があったものだ。おどろいたことに、このフレーズは今でもまだ使われていて、新しい世代の人々にも役立っている。たった一語がセールスを成功させたり失敗させたりすることがよくある。だから、それを使う**前に**、自分の言葉を注意深く吟味することだ。あとの祭りでは何の意味もない。

ハリウッドの芸能事務所

あなたを成功させるのは、あなたが言ったりやったりする小さなことだ。

例えばこんなことがあった。ハリウッドのある芸能事務所では、役をもらいにやってくる人々に「今日はありませんよ」という昔から使われていた断り文句をやめて、「明日また来てください」というフレーズに変えた。

聞くところによると、このほんの小さなフレーズの変更が、来る日も来る日も役をもらうために通い続けなければならないたくさんの人々に希望を与え、多くの自殺を思いとどまらせたそうだ。悲観的な「今日はありませんよ」を、「明日また来てください」という励ましの言葉に代えただけのことで……。

ナイアガラの滝が新婚旅行先として人気だったころの話だ。記念品として、インディアン、犬、美しい少女などを描いた革製の壁掛けが売られていた。あなたももしかしたら、おじいさんの家の壁にかけられているのを見たことがあるかもしれない。

その中の一つに、「この犬はかみつきません」という文字が書きこまれている犬の絵があった。この独特の絵は、ある日その文字が次のように書き換えられるまでは、たいした売れ行きを見せなかった。――「私がすることは、せいぜい少しうなることだけです」。それから売上は三倍に伸びたのである。売れ行きが悪かったときの「かむ」という言葉は、明らかに否定的な言葉だった。そして、前者は、犬自身の言葉として表現されている後者ほどは直接的ではなかった。

フォード・モーター創業者ヘンリー・フォードは、広告板の見出しを、「フォードを買って、差額を預金しよう」から、「フォードを買って、差額を使おう」に代えて、商人たちの好評を博した。

あなたの言葉に気をつけることだ。あなたが言うことの効果を考えることだ。あなたの吠え声に気をつけることだ。

物乞いも販売必勝法を使う

昨年の春、セントラルパークで、奇妙な札をぶらさげた物乞いを見かけた。札にはこう書いてあった。「春になりました――それなのに私は盲目です」。彼の手にはお金がたくさん集まっていた。

「木製のインディアン」でないセールスマンは、農具を売るために農家を訪ねるとき、こんなアプローチをする。「毎年新しい牛をどうやって手に入れていらっしゃいますか?」

農民は鋤《すき》の上に座って休んでいるが「どうやってだって？」と聞き返す。そこから売り込みの糸口がほぐれるのである。

フィラデルフィアで開かれたコックとウェイターの国際大会で講演したあとで、テキサスから来た代表からこういう話を聞いた。テキサスではビールをビンごと売るのがとても難しいというのである。若い人たちは「ワングラス」と言ってビールを注文するものだから、彼らがダンスに夢中になっている間に、ビールは気が抜けてしまって、あとからさんざん文句を言われるというわけだ。

だが彼はこうも語った。「自分は、これからは必勝フレーズを使って、『グラスでしょうか、ビンでしょうか？』と聞くかわりに、『ビンでございますね？』と聞こうと思う」と。彼は、こうすれば人々にビールをビンごと買わせることができる、そうすれば飲むときがくるまで栓を開けないでおける、と考えたのである。

私もこの考えは正しいと思う。彼は大変良い「シズル」を見つけだした。

「水を入れるだけ」は、ある種の商品を売るときは、大変重要な言葉である。

良いセールストークというものは、**簡潔であると**同時に、**さりげない**ものでなければならない。なぜなら、セールストークの力で売りつけられているのだということにいったん気がついた相手は、それ以上話を聞こうとはしないつまらないお客様になってしまうからである。

29
ホイラーの五つの公式のまとめ

私は長いこと、セールストークを考え出してテストするという世界に類のない用語研究所を主宰してきた。その間、日々フレーズを錬磨してきた私たちの公式を公開してほしいという要望は何度もあったが、その原理を公にしたのは本書が初めてである。大急ぎで、もう一度それを思い出してみよう。

ホイラーの公式第一条　ステーキを売るな、シズルを売れ！

もちろん牛そのものはとても大切だが、シズルのほうが牛よりもたくさんのステーキを売る。あなたが売るあらゆるものに「シズル」が隠されている。シズルは最高の販売要因である。それはワインにおける泡であり、チーズにおける風味であり、コーヒーにおける香りである。

あなたのセールスカバンのなかから「シズル」を探し出し、セールスをスタートさせるために、まずはそれをぶつけよう。そうすれば、さらにそれを発展させるチャンスがつかめる。

あなたが売っているものについて、お客様がまず最初に思うことは、「それは私のどんな役に立つのか？」ということである。この重要な質問に答えるためには、「シズルのめがね」をかけて、相手の目であなたの商品をながめてみなければならない。
「私」のかわりに「あなた」という能力を「ユー能力」という。「ユー能力」を身につけることによって、「シズル」の見つけ方も、それをオーダーメイドの洋服のようにぴったりとお客様に合わせるやり方も、すぐに覚えることができる。

ひとりの小柄な老婆がストーブをじっと見ていた。お客様にはおかまいなく、お決まりのことしか言えないセールスマンがストーブのそばにやってきて、あらゆる「シズル」をお客様に説明し始めた。塗りがいいとか、脚が高いので犬もその下にもぐりこんで寝ることができるとか、エナメルがはげないとか、おいしいケーキやパイも焼くことができるとか……。しかし、やっとセールスマンがひと息ついたときに小柄なお年寄りが愛想のよい声で聞いたのは次のようなことだった。

「ところで、これは私のようなおばあさんを暖めてくれるでしょうか?」

覚えておくべき原則は次のことである。**ある人にとっては「シズル」であることも、別の人にとっては馬の耳に念仏であることもある。**だから「シズル」をそれぞれのお客様に合わせて使おう。

ホイラーの公式第二条　手紙を書くな、電報を打て！

この公式の意味するところは、最少の言葉でお客様の直接の好意ある注意をつかめ、ということである。あなたの最初の一〇語は、それに続く一万語よりも重要である。なぜならば、相手のうつろいやすい関心をつかまえるには、わずか一〇秒という短い時間しかない。もしもあなたの最初の言葉が相手の胸にカチッとはまらなかったなら、お客様は心理的にあなたから離れてしまう。――たとえ身体はそこに残っていても。

だから「必勝フレーズ」を使ってプレゼンテーションを成功させる第二の原則は、「電報式」の言葉を使って、言葉の効率を上げることである。「手紙」を書いている暇はない！

人間というものは、すばやく判断し、最初の一〇秒であなたに関する意見を決めてしまう。彼らの最初の判断が、あなたが売っているものに対するあらゆる態度の基礎となる。

お客様に会ったときは、あてずっぽうを言ったり、ヤマをかけて話したりしてはいけない。どもったり、口ごもったりしてはいけない。自分は何を言おうとし、何をしようとしているのかをはっきりと自覚することだ。「必勝フレーズ」を使おう。心にとどめておくべき原則は次のことである。すべてはあなたが**最初の一〇秒間**に言うことにかかっている。

この簡単な原則を使えば、あなたがそれを言うときに使うべきテクニックは、次のホイラーの公式第三条でおのずと明らかにされるだろう。

ホイラーの公式第三条　花を添えて言え！

これは簡単に言うなら、あなたの言ったことを証明しろ、ということである。お客様の利益をすばやく述べたら、次の瞬間にはそれを証明してみせよう。「誕生日おめでとう」も、花を添えて言われればその意味するところがよりよく分かるわけである。

お客様に売り込むには、わずか一〇秒の短い時間と自由になる二本の手しかない。だから、行動であなたの言葉を強化するのだ。ショーマンシップで、売り込むための「シズル」をバックアップするのだ！

たとえ言葉がどんなに立派でも、行動で支えられていたほうが、そのような**支え**がなく宙ぶらりんになっているよりも、どれだけ良い結果が得られるか分からない。

形式的な「ありがとうございます」がどんなに空虚なものか、あなたもご存じだろう。それは誠実という**支え**が欠けているからだ。

プレゼンテーションを目立たせるのは、あなたが話しながらする小さなことだ。手、頭、足の動きが、あなたがいかに誠実であり、正直であるかをお客様に告げる。ズボンのお尻をテカテカ光らせているように、言葉だけピカピカ光らせているセールスマンであってはならない。送る言葉は知ってるのだが、キーの扱い方が不器用な電信技手のようであってはならない。

電線に歌わせよう。しかも、**劇的に**歌わせよう。

行動することで、相手にも行動させよう！

デモンストレーションしよう。だが、それは売るためのデモでなければならない！

「シズル」をショーマンシップといっしょにしてぶつけるのだ！

言葉に伴う動き――顔の表情、商品を扱う手つき、これらはすべてプレゼンテーションを成功させる重要な要素である。

あなたに必要な原則は次である。**「シズル」をすばやく述べろ、ただし身ぶりを添えて述べろ**！

やがて「シズル」のデモンストレーションをやめて、買ってくださいとお客様に頼む時期が来たら、今度は次に述べるホイラーの公式第四条を使おう。

ホイラーの公式第四条　もしもと聞くな、どちらと聞け！

この公式は、（特にクローズにあたっては）お客様に買うか買わないかを選ばせるのではなく、これかあれかを選ばせるように言葉を構成しなければならない、ということである。

有能な弁護士がやるように、誘導質問をするのだ。そしてそれは常にあなたの欲しい答えが得られるような質問でなければならない。どんな答えが返ってくるかがはっきりしないかぎり、うっかり質問などしてはいけない。

セールスマンには、クエスチョンマーク（？）を使って話す人と、びっくりマーク（！）を使って話す人の二つのタイプがある。誘導質問でお客様の関心を釣るクエスチョンマーク型のセールスマンになることだ。びっくりマークを使ってお客様を屈伏させようなどと考えてはいけない。

「**もし**お買いいただけるなら」などとお客様に聞くべきではない。いつも、**どちら**と聞こう！　相手に選ばせよう。「何を」「いつ」「どこで」「どれだけ」買いたいのかと聞くのである。**もしも**ではなく、**どちら**だ！

適切な質問をしよう。そうすればあなたの欲しい返事が返ってくる！

「必勝の質問」は、ぐらついたセールスを生き返らせる。どうも様子がおかしいと思ったときにはいつでも、新しい針路に向きを変えるような質問をする。「必勝の質問」は、お客様がそれに答えている間に、あなたにひと息つく余裕を与えてくれる。

お客様からの反対には「なぜですか?」と反問するのがよい。答えるのが難しいからだ。お客様の反対に出合ったらいつでもこれを使おう。相手があなたの「なぜですか?」に答えるために、幻の反対を何とか言葉に表現しようとして四苦八苦するのを見守ろう。この「なぜですか」戦法を家庭で試してほしい。もしあなたの奥さんが「新しい帽子が欲しいわ」と言ったら、抜け目なくこう聞くのである。「なぜ欲しいの?」

彼女がその理由を説明しようとしてやきもきするのを見守るのだ。こんな場合は、たいていはっきりした理由などないものである。

不況の時代には「イエス」と言うにはお金がなかったので、「ノー」と言わざるを得なかった。だが習慣の力というものは恐ろしいもので、不況が過ぎてからも人はつい「ノー」と言ってしまう。そう言わせないためには、利口なセールスマンがいて、「ノー」と言うのが難しいようにさせるほかはない。

覚えておくべき原則は、次だ。魚を釣るには、**バール**よりも釣り針のほうが役立つ。

さて、これら四か条の重要なセールスポイントを心にとどめたうえで、プレゼンテーションを成功させるためには、もう一つ必要なことがある。

ホイラーの公式第五条　吠え声に気をつけろ!

小犬が、ワンというひと声としっぽを振るだけで、いかに多くのことを表現しているか考えてほしい。

吠え方としっぽの振り方だけでどんなによく自分の気持ちを伝えていることか。できたらマネをしたいくらいである。あなたの声にひそんでいる「吠え方」に気をつけよう。あなたの声の背後に隠された「しっぽの振り方」に気をつけよう。これが、成功する「必勝プレゼンテーション」の五番目、そして最後の要件である。

たくさんの「どちら」「何」「どこ」「どのように」を備え、大きな「花束」で飾り、一〇秒の「電報」形式にした最上の「シズル」でも、その声が無味単調では失敗するだろう。

一本調子にならない。あらゆる音階でしゃべれるように訓練しよう。耳の後ろに手をあてて自分がしゃべるのを聞いてみてほしい。あらゆる楽器を演奏できる指揮者になろう。風変わりな声は出さない。ほほ笑みをふくんだ声を出そう。ただし、お客様をたぶらかして「してやったり」とニヤリとするようなほほ笑みであってはならない。小羊を食べにきた狼のような、猫なで声のほほ笑みであってはならない。

次のことを覚えておこう。「木製の看板インディアン」は決してタバコを売らない。彼はお客様を店に招き寄せるだけだ。タバコを売るのは、生きた本物のセールスマンである。

第五の公式は簡単だ。――すべてはあなたの言うことと、その言い方にかかっている。

もしあなたがこの五つのセールスポイントを使えば、あなたのセールスは間違いなく、より正確に、より簡単に、より迅速になるだろう。なぜならこの五つの原則は、第一線の現場からつかんだものであり、あなたの考え方に人々をひきつけられることはすでにテスト済みのものだからだ。

ジョンズ・マンビル社のセールスマンが、飛び込み訪問の玄関先でどうアプローチするかについて語った。彼らの開口一番の「必勝フレーズ」は「これが家屋を改装する101の方法という無料パンフレットです」である。これは、彼らがとっかかりの問題をどのように解決しているかを示している。

二年前にテキサス社が自社のニューテキサスオイルを人々に勧めるのに使った簡単な「必勝フレーズ」について語った。また、この言葉のおかげで、四万五〇〇〇のディーラーが、一週間のうちに、二五万の車にオイルを売ることに成功したエピソードもお伝えした。

H・W・フーバー氏が、フーバー電気掃除機のすばらしさも、それがドラマ的に語られ、お客様の心に力強く印象づけられないかぎり、当たり前のこととして受けとられるにすぎないということ、したがってフーバーのセールスマンの言葉は、①話しやすく、②覚えやすくできている必要がある、ということを悟ったエピソードも語った。

だから、フーバー社では、ごみパックを掃除する必要があることを知らせるシグナルも、「危険シグナル」と呼ばないで、「ゴミ捨てお知らせランプ」と呼んでいる。フーバーのセールスマンは、こう説明する。「ごみパックをお掃除するのを忘れることもございますよね。しかし、この新型フーバーは、それを思い出させることを決して忘れません」。ヘッドライトは「ゴミ発見装置」と呼ばれている。これを説明する「必勝フレーズ」は、次のような見事な描写である。

「これはどこを掃除したらよいかを見つけ出します。そして、掃除しなければならないところは、あますところなくきれいにしてしまいます」

私たちは右に挙げたような一〇万五〇〇〇のフレーズやテクニックを分析し、一九〇〇万人の人々にそれをテストした結果、「決まりきった」セールストークは、通常の販売条件の下であらかじめテストされて間違いないことが確認された「計画された」セールストークほど、効果的ではないことを発見したのである。

「魔法の言葉」ではない、「言葉の魔術」

さて、以上が、さまざまな業種の成功したセールスマンによって使われたフレーズと、セールステクニックの一〇年にわたる研究の成果である「五つの公式」のおさらいだ。あなたはこれらを自分の仕事に応用できるはずである。

もちろん、セールスに成功するにはいろいろなことが必要だ。だがセールスを成功させるか失敗させるかは、結局のところお客様と相対したときにあなたが使う言葉（フレーズ）と、あなたがすることにかかっている。

「魔法の言葉」などというものはない。だが「言葉の魔術」はある！

「必勝フレーズ」は「高圧的な」言葉でもないし、「決まりきった」言葉でもない。私たちはそのどちらもお勧めしない。そうではなくて、あなたが目指す結論まで、容易に、そして自然に到達するような、ごく受け入れやすいやり方で必要な情報をお客様に与えるためにつくられた、よく選ばれたフレーズである。

大切な買い物をするときには、どんな買い手の心の中にも、いつも「夢」と「必要性」がある。だから売り手がするべき**第一**のことは、この「夢」の欲求を満たしてあげることだ。さらに**第二**に「必要性」

良い牛から取った上質のものでなければならない。さもないと、ただ失望を買うだけに終わってしまうだろう。

も満たすことが大切である。「シズル」は「欲望」を刺激し、満足させる。だが同時に、「ステーキ」は

一〇セントのガスの接続が悪ければ二万ドルもする車も止まってしまう。セールスマンが適切なときに適切なことを言ったりしたりしなければ、ビジネスも止まってしまう。

一つの輪は五〇ポンドを支え、もう一つの輪は六〇ポンドを支え、第三の輪は三ポンドしか支えない三つの輪からできている鎖だったら、三ポンドを支える輪の力がその鎖の力の限度である。あなたの仕事でも同じことだ。あなたの会社のセールスマンが持つ販売力以上の力を持つことは不可能である。

よく覚えておいてほしい。家庭を訪問しようが、売り場に立っていようが、会社で事務をしていようが、第一線であなたの会社のセールスマンがすることが、あなたの工場の煙突から出る煙の量を決定する。その煙はあなたの会社の販売部隊の販売能力と正比例しているのだ。

「販売必勝テクニック」の背後にある哲学は、要約すれば次のように簡単なことだ。

あなたが言いたいと思うことよりも、お客様が聞きたいと思うことのほうをより多く考えよう。そうすればあなたは、あなたが欲しいと思っていた反応を受け取れるはずである。

■著者紹介

エルマー・ホイラー（Elmer Wheeler）

1903年生まれ。営業講師・コンサルタント。新聞の広告営業を経て、ホイラーワードラボラトリーを設立、10万5000にもおよぶセールス文句を分析し、1900万人に検証した結果、いわゆる「ホイラーの５つの公式」を発見する。メイシーズなどの大手百貨店、ホテルチェーン、石油会社、クリーニングチェーン、バイオリニストなど多岐にわたる顧客の売上向上に貢献した。

同法則を解説した本書『ステーキを売るな、シズルを売れ！』は1937年に出版され、効果的セールスについて体系的に解説した本として全米初のベストセラーとなった。現在も古典的名著、営業教育書の草分けとして世界中のセールスマン、マーケターに愛読されている。1968年死去。

■訳者紹介

駒井進（こまい・すすむ）

1920年生まれ。日本マネジメント協会会長、（社）全日本能率連盟理事、米国公益法人IMCA理事を歴任。著書に『地域金融機関のための収益力強化戦略』『情報時代の顧客志向販売』などがある。2003年死去。

2012年 8 月 4 日 初版第 1 刷発行
2015年 9 月 1 日 第 2 刷発行
2019年 6 月 1 日 第 3 刷発行

フェニックスシリーズ ②

ステーキを売《う》るな シズルを売《う》れ！
――ホイラーの公式

著 者 エルマー・ホイラー
訳 者 駒井進
発行者 後藤康徳
発行所 パンローリング株式会社
〒 160-0023 東京都新宿区西新宿 7-9-18-6F
TEL 03-5386-7391 FAX 03-5386-7393
http://www.panrolling.com/
E-mail info@panrolling.com
装 丁 パンローリング装丁室
印刷・製本 株式会社シナノ

ISBN978-4-7759-4105-8